인간을 바꾸는 5가지 법칙

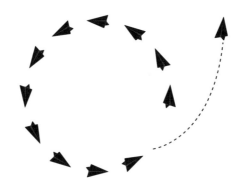

인간을
바꾸는
5가지 법칙

· 늘 똑같은 삶에서 벗어나 최고의 자신이 되는 법 ·

김종원 지음

TORNADO
토네이도

지성이 이끄는 의지로
시작하는 변화

나는 95kg의 몸무게를 65kg으로 감량한 후 30년 동안 일정하게 유지하고 있다. 당연히 절제된 식사와 치열한 운동이 필요하다. 나는 뭐든 치열하게 해내는 스타일인데, 운동 역시 마찬가지다. 직장에 다닐 때는 매일 새벽 러닝을 60분 동안 쉬지 않고 반복했고, 전업작가로 일하면서는 매일 실내자전거를 2시간 이상 반복하며 타고 있다. 매일 일정한 시간 이상 운동을 지속하며, 넘치던 살을 지우고 그 자리에 숨어 있던 복근을 드러내는 작업은 물론 매우 어려운 일이다. 그러나 치열하게 반복하면 결국 성취할 수 있는 일이며, 지금도 많은 사람들이 자기 몸의 한계를 마주하며 복근을 드러내기 위해 분투하고 있다. 나는 운동을 반복하며 이런 사실을 하나 깨달았다.

겉으로 보이는 몸의 복근을 드러내기 위해 그렇게 치열하게 몸을 자극하면서, 우리는 왜 영혼의 세계를 책임지고 있는 '내면의 복근'을 드러내기 위한 노력에는 상대적으로 소홀했던 걸까?

당신은 삶이 어떤 식으로 바뀌기를 소망하는가? 외적인 것에 치중하는가, 아니면 내면의 변화까지 생각하고 있는가? 세상에는 두 종류의 변화가 있다. 하나는 의지만 있으면 할 수 있는 것이 있고, 나머지 하나는 반드시 지성이 뒤를 따라야 할 수 있는 변화가 있다. 우리가 자신을 바꾸려는 모든 시도에서 자꾸만 실패하는 이유가 거기에 있다. 의지는 누구나 가질 수 있는 삶의 무기이지만, 지성은 자신을 쉽게 허락하지 않아 가진 사람이 적다. 바뀌는 것은 의지로만 가능한 것이 아니다. 당신도 살면서 이런 경험을 자주 해봤을 것이다.

"누구나 의지를 갖고 변화를 추구하지만, 결과를 보면 언제나 되는 사람만 돼!"

세상에는 의지 하나로만 이룰 수 있는 변화는 거의 없다. 또한 운이 좋아 그런 결과를 낼 수 있다고 해도 의지로 어렵게 이룬 변화는 더 의지가 강한 사람에 의해 빼앗기게 된다. 그러나 '지성이 이끄는 의지'로 이룬 변화는 자신만의 것이라 누구에게도 빼앗기지 않는다.

그들은 눈빛부터 다르다. 세상을 바라보는 시선의 결이 다르기 때문이다. 그 다른 결이 그에게 누구도 흉내낼 수 없는 삶을 선사한다.

무슨 일을 시도해도 언제나 성공하는 사람이 되고 싶은가? 아니면 의지를 갖고 노력한 시간에만 의미를 두고 계속 실패하는 삶을 살고 싶은가? 그대 삶에 변화를 주고 싶다면, 미치도록 자신의 삶을 바꾸고 싶다면, 지성이 이끄는 의지를 그대 삶에 장착해야 한다.

경계를 파괴하고 모든 공간의
주인으로 사는 사람

그렇다면 대체 '지성이 이끄는 의지'를 가진 사람은 어떤 인생을 살아갈 수 있는 걸까? 세상에는 지속적으로 자신이 머무는 공간을 옮기면서도 언제나 뭐든 잘해내는 사람이 있다. 이렇게 혼란한 세상에서 그들은 언제나 삶의 중심을 잡고 자신이 머물 공간을 스스로 선택해서 최선의 성과를 낸다. 변화와 성장을 동시에 추구하는 사람들에게 반드시 필요한 그 힘과 능력을 우리는 다음 3단계 과정을 통해 자신의 것으로 만들 수 있다.

1 | 이전에 구축된 사회적 규칙을 원하는 대로 바꾼다.

2 | 회사의 시스템과 문화를 활용해서 자기 것으로 만든다.

3 | 새로운 공간의 규칙을 빠르게 파악해서 일상에 녹여낸다.

그들은 자신이 원하는 변화를 위해 무엇을 바꿔야 하는지 알고 있기 때문에 언제나 변화에 성공하며 승승장구한다. 나는 이런 특징을 갖고 사는 그들을 '행복한 변화주의자'라고 부른다. 언제 어디서든 행복하게 자신이 스스로 변화를 주도하며 살기 때문이다. 그들은 조직 안에 있지만 조직을 넘어서서 자신의 경력을 발전시키며, 한 공간에 존재하지만 유연한 사고와 적응력을 통해 다른 공간에서도 주인으로 살고 있다.

이들이 매일 반복해서 자신에게 묻는 5개의 질문이 있다. 당신의 삶을 송두리째 흔들 정도로 매우 강력한 질문이니, 냉정하게 자신에게 질문해보라.

"오늘 내가 한 일들이 내 삶을 더 나아지게 만들었는가?"

"나는 어떤 결과를 원하는가?"

"그것을 원하는 이유는 무엇인가?"

"원하는 것을 이루기 위해 무엇을 해야 하나?"

"그 과정을 통해 내 삶은 어떻게 변화하는가?"

이 질문이 자신의 삶을 바꾸고 싶다는 사람에게 중요한 이유는 다음과 같다.

"자신이 추구하는 방향을 제대로 정하고 살지 않으면, 냉혹한 바람을 피해 무의식중에 향하는 곳이 내 삶의 방향이라고 착각하며 살게 될 것이다. 그곳이 어디인지 알 수 없지만, 분명한 사실이 하나 있다. 피해서 도착한 곳에는 당신이 그토록 원하던 것들이 없다."

《인간을 바꾸는 5가지 법칙》은 결국 앞에 나열한 5개의 질문에 대한 매우 실천적인 답이라고 볼 수 있다. 나는 지난 20년 가까이 사색과 변화에 대해 조사하고 다양한 사례를 통해 말로만 이루어지는 변화가 아닌 실제로 사람을 바꾸는 요인이 무엇인지 심도 있게 연구하여 이 책을 완성할 수 있었다.

인간의 삶은 매우 다양한 요소로 구성되어 있지만, 가장 중요한 것을 고르라면 다음과 같이 선택할 수 있다. '사는 환경, 만나는 사람, 시간을 쓰는 방식, 언어를 대하는 태도, 생각하는 방법' 이 5가지가 바뀌면 삶도 바뀐다. 그러나 사람은 쉽게 자신을 바꾸지 않는다. 남은 바꾸려고 하지만 정작 자신은 바꾸지 않기 때문이다. 그렇게 오랜 기간 삶의 괴리를 겪다가 결국에는 이런 변화의 진리를 깨닫게 된다.

"인생은 바꾸는 것이 아니라 바뀌는 거구나."

이 말의 의미를 정확히 이해해야 한다. 사람은 쉽게 자신을 바꾸지 않는다. 금연이나 다이어트, 공부하는 시간 등 무언가를 바꾸는 것은 매우 혹독한 노력이 필요한 힘든 일이다. 대신 '바뀌는 일상'을 선택하면 쉽게 다른 삶을 살 수 있다.

앞서 나는 많은 것에 대해서 언급했다. 지성이 이끄는 의지, 행복한 변화주의자, 인간을 바꾸기 위한 5가지 질문 등이 바로 그것이다. 이 모든 가치를 앞으로 제시할 삶을 바꾸는 5가지 요인인 '환경, 사람, 시간, 언어 그리고 생각'에 모두 녹여냈다. 그 가치를 통해 저절로 바뀌는 삶의 기적을 당신도 누리게 되길 바란다.

나는 죽음이 두렵지 않다.
하지만 살아도 죽은 것처럼,
아무것도 하지 않고 보내는
죽은 시간은 두렵다.

흐르지 않는 정신이,
숙이지 않는 고개가,
설레지 않는 마음이 두렵다.

죽은 몸이 아니라,
죽어 있는 일상이 두렵다.

- 김종원

목
차

프롤로그 ——— 004

| 시작하려면 |

무엇이
인간을
이전과
다른 삶을
살게 하는가

01 | 자기 진로도 스스로 정하지 못했던
     사람을 바꾼 5가지 비밀   017

02 | 싫어서가 아니라, 가치를 몰라서
     바뀌지 않는다   021

03 | 새벽 3시라는 공간   026

04 | 자신의 만족을 추구하라   032

05 | 기회를 잡는 사람의 3가지 마음 원칙 037

06 | 감성이 지성을 앞서게 하지 마라   041

07 | 살을 빼야 그 자리로 좋은 기운이 들어온다 045

08 | 완벽한 변화를 위한 5가지 시작의 기술   050

법칙 1		
환경을 만들고 이용하라	01 | 무엇이 술과 담배에 찌든 노숙자에게 희망을 갖게 했을까?	061
	02 | 처한 상황을 도저히 바꿀 수 없다면	065
	03 | 일상을 바꾸는 3가지 선택의 철학	070
	04 | 오래된 습관을 이기는 법	075
	05 | 좋은 감정이 머무는 공간을 확보하라	080
	06 | 가장 지키고 싶은 일을 루틴으로 만들어라	086
	07 | 숙련자의 진짜 의미	091

법칙 2		
관계의 틀을 바꿔라	01 | 타인에게 의지하는 노예의 삶에서 벗어나라	097
	02 | 누구에게도 실망하지 마라	102
	03 | 사람을 제대로 바라보는 4개의 눈	107
	04 | 자기 철학을 갖고 살아가는 사람들의 7가지 원칙	112
	05 | 언어의 평행점을 찾는 법	120
	06 | 좋은 기분을 전하는 사람이 되라	125
	07 | 바보를 멀리하라	130

법칙 3	01	당신은 왜 월 1,000만 원을 벌고 싶은가?	137
어제와 시간을 다르게 써라	02	최고의 시간 관리는 전략적 무능에서 시작된다	144
	03	지금 할 수 있는 일을 하라	151
	04	시간을 대하는 태도를 바꾸는 법	157
	05	시간을 가치 있게 쓰는 사람들의 3가지 말습관	162
	06	최소한의 시간으로 최대의 결과를 이끌어내는 '단순한 계획의 힘'	168
	07	시간을 성장에 연결하는 7가지 태도	174
	08	시간이 나를 쓰게 하지 마라	182

법칙 4	01	자신에게 진실하라	191
어떤 순간에도 말의 품격을 잃지 마라	02	혼란한 세상에 맞설, 지성인의 7가지 언어 태도	196
	03	언어는 모든 것을 알고 있다	202
	04	자신의 언어를 발견하고 장악하라	206
	05	받아본 적이 없어서 내게 선물하지 못하는 말들	211
	06	감사에 능하라	216
	07	원하는 미래를 말하라	220
	08	변화를 순조롭게 이끄는 언어 분석의 비밀	226

법칙 5	01	경계를 지우는 창조자의 시선	233
한계선을 지워라	02	선택과 집중으로 삶을 이끄는 모차르트 전략	239
	03	뇌를 바꾸는 '×10 발상법'	244
	04	창조의 시간 vs. 소비의 시간	249
	05	인생의 판을 바꿀 질문 창조법	254
	06	3년 벌어 30년 든든하게 만드는 4가지 생각의 틀	259
	07	테레사 수녀가 1등석 비행기 티켓을 산 이유	264
	08	최고의 예술 작품을 감상하라	269
	09	생각을 자극하는 음악과 감상법	273

지속하려면	01	큰 그릇은 오래 빚어야 한다	283
혼자 보내는 시간의 힘을 믿어라	02	내 인생은 나만 변화시킬 수 있다	287
	03	철학은 어떻게 삶을 이끄는가?	292
	04	경쟁이 아닌 자유에 초점을 맞춰라	296
	05	사색훈이 이끄는 고독한 삶으로의 전환	300
	06	욕망과 공존하는 법	303
	07	무엇을 반복하며 살고 있는가?	309
	08	매일 성장하는 사람들의 비밀	313

| 에필로그 | | | 317 |

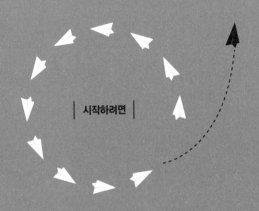

| 시작하려면 |

무엇이 인간을
이전과 다른 삶을 살게 하는가

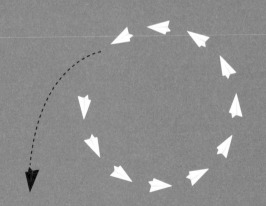

1

자기 진로도 스스로 정하지 못했던 사람을 바꾼 5가지 비밀

한 사람을 소개한다. 그는 좋은 집안에서 태어나 남부러울 것이 없는 환경에서 자랐지만, 대학에 진학할 때도 자신의 의견을 당당하게 주장하지 못해서 아버지가 원하는 과에 진학할 정도로 매우 소극적인 사람이었다. 그런 나날은 그가 대학을 졸업한 이후에도 계속되었다. 법대를 나와 변호사로 일하기를 바랐던 아버지가 원하는 삶을 살게 된 것이다. 대학을 졸업한 성인이 되었지만, 그 후 2년 동안이나 그는 자신이 하고 싶을 일을 시작하지 못했다.

지금 소개한 사람의 이름은 내가 치열하게 20년 가까이 연구하며 존경하고 있는 대문호 괴테다. 많은 사람이 그가 매우 다양한 분야에서 특별한 능력을 발휘한 천재라고 생각한다.

하지만 그의 특별한 능력과 재능은 처음부터 그의 것은 아니었다. 괴테는 아주 어렸을 때부터 글을 쓰며 사는 삶을 동경했지만, 당시 법률가였던 아버지의 반대로 법대로 진학을 해야만 했고 변호사 생활을 하게 되었다. 원하지 않는 무료한 일상을 보내다가 우연히 한 여인을 만나게 되었는데, 그녀가 괴테의 삶을 완전히 바꾼다.

그녀는 《젊은 베르테르의 슬픔》의 여주인공 로테의 모델인 '샤를로테 부프'라는 여자다. 괴테는 그녀를 만나 경험하거나 상상한 이야기를 책으로 냈고, 그렇게 탄생한 《젊은 베르테르의 슬픔》은 그에게 엄청난 명예와 부를 안겨줬다. 당시 유럽의 귀족들은 괴테의 작품을 읽기 위해 독일어를 배울 정도로, 괴테의 모든 것은 선풍적인 인기를 끌었다.

또 하나의 엄청난 변화가 찾아왔는데, 당시 18세의 나이로 독일 바이마르 공국을 이끌었던 아우구스트 공작이 괴테를 초청하고, 이후 다방면에서 출중한 능력을 갖고 있는 그를 바이마르 공국의 재상으로 임명한 것이다. 겨우 26살의 나이에 바이마르 공국의 재상으로 임명된 괴테는, 그렇게 평민이라는 신분의 한계를 극복하고 스스로 귀족이라는 신분을 쟁취하게 되었다.

자신의 진로도 스스로 결정하지 못했던 괴테의 삶은 연속적으로 빠르게 변하기 시작했다. 그렇게 재상이 된 괴테는 10년을 꼬박 바이마르에서 일어나는 주요 사업과 공적인 일에 바쳤다. 덕분에 바이마르에서 두 번째로 높은 연봉을 받는 중요한 인물이 되었지만, 문제는 그가 그렇게 절실하게 원했던 창작 활동에 전념할 시간이 없다는 것이었다.

20대 중반에 집필을 시작했던 《파우스트》 원고 역시 진전이 별로 없는 상태였다. 그러다가 괴테는 37살 생일에 새로운 세계로의 탈출을 계획한다. 자신을 바꾸고 싶다는 뜨거운 열망을 담아 직업은 '화가'로 이름은 '장 필리페 묄러'라는 가명으로 바꾸고 마차에 몸을 실어 그토록 보고 싶던 이탈리아로 기행을 떠난 것이다. 18개월의 기행을 통해 괴테는 다시 변화를 체감한다. 작가의 길을 흔들림 없이 가겠다는 의욕도 강해졌고, 궁정의 일을 보느라 손을 놓고 있던 작품들도 다시 꺼내 집필하며 놀라운 성과를 낸다.

그 중심에는 괴테보다 나이는 어리지만 마치 친구처럼 문학과 사색을 논했던 영혼의 동반자 쉴러가 있다. 손을 놓고 있던 그의 역작 《파우스트》에 다시 열성적으로 매달리는 일에도 쉴러의 자극과 격려가 절대적인 역할을 했다. 그의 격려와 조언이 없었다면 어쩌면 우리는 괴테의 작품 중 《파우스트》를 제외했어야 했을지도 모른다.

이렇게 괴테는 다양한 과정을 거쳐 자신의 숨어 있던 능력을 꺼내 지금 우리가 아는 대문호가 되었다. 시작은 초라했고 불안했다. 유년 시절 작가가 되겠다는 소망은 갖고 있었지만 아버지의 반대로 자신의 소망과는 다른 분야에서 활동해야 했다. 괴테는 나약하고 매우 예민한 사람이었다. 그런 자신의 약점을 보완하기 위해 인간의 심리에 대한 사색을 반복했고, 그렇게 발견한 '자신을 지키는 방법'으로 연약한 내면을 보호하기에 급급했다. 그런 상태에서는 어떤 재능을 갖고 있어도 꺼내서 세상에 보여줄 수 없었다.

하지만 그는 자신이 살아가는 환경과 자주 만나는 사람, 일상에서 생각하는 방식과 언어를 대하는 태도를 바꾸면서 내면을 단단하게 다질 수 있었고 그렇게 자기 진로도 분명히 밝히지 못했던 나약한 의지의 인간에서 벗어나 진정 자신이 원하는 인생을 살아가는 존재로 살게 되었다.

2 | 싫어서가 아니라,
가치를 몰라서
바뀌지 않는다

세상에는 참 많은 서비스와 다양한 상품이 있다. 지금도 누군가는 새로운 서비스를 만들고 있고, 어떤 상품은 고객에게 외면을 받아 잊혀지고 있다. 이유가 뭘까? 그들 중에 자신의 서비스와 상품을 적당히 만든 사람은 별로 없을 것이다. 모두가 최선을 다해 노력하고 그 결과를 기대하지만, 모두에게 좋은 결과가 나오는 것은 아니다.

펩시 챌린지 마케팅 캠페인이 그 이유가 무엇인지 제대로 보여준다. 100년 전쟁으로 부를 만큼 코카콜라와 펩시콜라 사이엔 수

많은 전투가 일어났고, 그때마다 코카콜라가 승리했다.

과거 펩시콜라에서 흥미로운 마케팅 캠페인을 진행했다. 브랜드를 노출하지 않고 펩시와 코카콜라를 마시게 한 후, 맛이 더 좋은 쪽을 선택하는 블라인드 테스트를 미국 전역에서 시행한 것이다. 이 블라인드 테스트 결과 52%가 펩시를, 48%의 사람들이 코카콜라를 선택했다. 펩시 챌린지 캠페인 덕분에 당시 펩시의 점유율은 75년 20%에서 80년 28%까지 올랐다. 이 결과는 아마 많은 사람이 이미 알고 있는 사실일 것이다. 그러나 나는 이 캠페인 결과를 보며 이런 생각을 했다.

"우리는 실제로 좋은 것을 선택하는 것이 아니라, 스스로 가치 있어 보이는 것을 선택한다."

매우 중요한 부분이다. 가치가 있어 보이는 것이란 무엇을 말하는 걸까? 콜라를 선택할 때 필요한 감각은 미각 하나가 아니다. 눈에 보이는 부분, 기억 속에 남아 있는 감각, 손에 잡히던 촉각까지 모두 콜라를 선택하는 기준이 된다.

펩시 챌린지 캠페인을 통해서 코카콜라와 펩시콜라의 맛의 차이가 거의 없다는 것을 알게 된 대중은, 새롭게 장착한 인식을 통해 펩시를 선택하는 비율을 무려 8%포인트나 올리는데 큰 역할을 했다. 인식 역시도 매우 중요한 선택의 기준 중 하나다. 시각, 촉각, 후각, 인식 등 이 모든 감각을 통해 콜라를 좋아하는 고객 중 다수는 자신의 선택을 바꿨다. 다시 말해서 펩시에 대한 가치를 다시 보게 된 것이다.

지난 100년 동안 펩시콜라는 수많은 광고와 마케팅으로 '우리 콜라가 맛있습니다'라고 말해왔다. 그러나 고객의 반응은 차가웠다. 그 이유는 펩시콜라가 싫어서가 아니라 가치를 몰랐기 때문이다. 우리가 변화를 거부하며 힘들게 생각하는 이유 역시 마찬가지다. 그게 싫고 힘들기 때문이 아니라, 대상에 대한 가치를 제대로 모르기 때문이다. 가치를 보여주지 않고 바꾸라고 말만 하는 것은 상대 입장에서 일방적인 명령처럼 들릴 뿐이다.

왜 자신에게 자꾸만 명령을 하는가? 바꾸라고 외치지만 말고 바뀌어야 할 가치를 보여줘라. 그럼 누구든 쉽게 자신을 바꾸기 위한 삶을 실천할 수 있다.

하지만 뭐든 일상에서 실천이 가능해야 한다. 변화는 일상에서 어떤 방법과 과정으로 실현될 수 있을까? 일단 인생을 바꾸는 것은 생각만큼 어렵거나 대단한 무엇이 있어야만 가능한 것이 아니라는 사실의 자각이 필요하다. 단지 가능성이 조금이라도 높은 곳을 바라보며 하나하나 선택해 나가면 된다. 그게 바로 내가 말하는 '가치'다.

이를테면 살이 찌기 시작하면 괜히 이것저것 신경이 쓰인다. 애인이나 배우자의 전과 같은 말과 행동에도 괜한 오해를 해서 '내가 살이 쪘다고 싫어진 거야?'라는 결론에 도달해 '진정한 사랑이라면 내가 살이 쪄도 전처럼 사랑해야 하는 것 아닌가? 아, 왜 내게는 그런 사람이 없지?'라는 생각을 하게 된다. 이유가 어쨌든 이건 매우 가능성이 낮은 선택이다. 이성적으로 생각하면, 보기 좋고 건강한 사람에게 호감이 가는 게 현실이기 때문이다. 스스로 자기 삶을 제어하지 못하면 자꾸 주변 상황이나 사람에게 무리한 요구를 하게 되고, 인생이 부정적인 방향으로만 흐르게 된다.

그래서 인생을 바꾸려면 가능성이 높은 쪽의 선택을 반복적으로 해야 한다. 가장 기본적인 것은 이것 4가지다. 술과 음식을 적당히 즐기고, 담배는 끊을 것. 술과 음식은 적당히 즐기며 자신을 제어하는 힘도 기를 수 있지만, 담배는 적당히가 있을 수 없다. 그건 자기제어에 속한 것이 아니라, 금지된 항목에 속한 것이므로 끊어야 한다. 이렇게 3가지를 제어 혹은 끊고, 마지막 하나인 운동을 적당히 하면 된다.

이때 중요한 것이, 많이 먹기 위해 운동 시간을 자꾸만 늘리는 선택은 운동을 하지 않아 살이 찌는 것과 마찬가지로 어리석은 행동이라는 사실을 자각하는 것이다. 평생 많이 먹기 위해 운동 시간을 비정상적으로 늘릴 수는 없고, 젊은 날에 그렇게 할 수 있는 이유는 건강하기 때문이라는 것을 기억해야 한다. 운동은 건강을 위해서 하는 것이지만, 반대로 건강해서 즐길 수 있는 것이라는 사실도 기억할 필요가 있다. 몸은 결국 무리하게 쓰면 쓸수록 닳고 망가진다. 그래서 뭐든 적당하게 즐겨야 한다.

그렇게 음식과 술, 운동을 적당히 즐기며 담배만 끊어도 인생은 몰라보게 달라진다. 이제부터 내가 말하는 가치가 나온다. 앞에 나열한 4가지를 적당히 제어하는 일상으로 바꾸면, 누군가에게 기대어 살지 않게 되며 외출이 당당해지고, 늘 정신이 맑아 집중력도 좋아지며 걸핏하면 화를 내며 분노하던 일상에서도 벗어날 수 있다. 이런 변화가 동시에 일어난다는 것은 매우 위대한 일이다. 하나의 생명이 전혀 다른 대지에서 다시 태어나는 것과 같기 때문이다.

결국 우리에게 필요한 것은 작은 삶의 목표이며, 끝까지 포기하지 않고 해낼 그 무엇이다. 그래야 자신을 괴롭히던 온갖 욕망에서 벗어나 자유에 접속할 수 있다. 변한 후에 느낄 가치를 미리 짐작하며 감지할 수 있다면, 변화란 그렇게 인터넷에 접속하듯 간단한 일이다.

3

새벽 3시라는 공간

나는 새벽 3시에 하루를 시작한다. 새벽 3시는 내게 시간이 아닌 하나의 머무는 공간이다. 그래서 많은 사람이 하루를 시작하기에는 이른 시각이라고 말하는 새벽 3시의 기상이 내게는 놀랍거나 대단한 일로 느껴지지 않는다. 그렇게 살기로 작정하면 누구나 그렇게 살 수 있으며, 이것은 내가 직장에 다니며 매일 야근으로 밤 10시에 귀가할 때도 반복했던 내 삶의 루틴이기 때문이다.

어떤 변화를 모색할 때 우리가 자주 실수하고 실패하는 이유 중

하나는 시간을 볼모로 잡고 변명하는 것이다.

"나는 그 시간에 못 일어나."

"너는 여유롭게 살고 있지만 난 시간이 없어."

이런 식으로 시간을 볼모로 잡고 할 수 없는 이유를 찾는 사람들은 그 순간에는 약간의 평안을 얻지만, 곧 스스로 자신에게 말한 대로 그 일을 할 수 없게 되는 최악의 결과를 맞이하게 된다. 시간을 볼모로 잡고 있다고 생각하지만, 사실은 시간의 노예로 살고 있는 셈이다.

모든 변명은 결국 자신에게 손해로 돌아온다. 그 악순환을 끊고 싶다면, 시간을 대하는 방식을 바꿔야 한다. 내가 추천하는 것은 시간을 숫자의 개념이 아닌, 공간의 개념으로 바꿔서 생각하는 방식이다. 그럼 조금은 마음이 편안해지며 '나도 할 수 있을 것 같다'라는 자신감을 가질 수 있다. 새벽 3시에 일어나 하루를 시작하는 게 아니라, 새벽 3시라는 방에 들어가 그 안에서 내게 주어진 일상을 즐기는 것이다. 다음 3가지 노하우를 통해 그렇게 살 수 있는 자신을 만들어보자.

1 | 그래야만 하는 가치를 찾아라.

새벽 3시라는 말을 들으면 많은 사람이 이런 오해를 한다. "꼭 그래야만 하나?", "모두에게 가능한 일은 아니잖아." 충분히 이해할 수 있는 말이다. 그러나 새벽 3시에 하루를 시작하는 것은 하는 일이 없는 사람은 쉽게 하고, 하는 일이 많은 사람은 시작하기 힘든 그런 종류의 선택이 아니다. 시간과 환경은 큰 문제가 되지 않는다는 말이다. 중요한 건 자신의 환경과 시간을 바라보는 시선이다. 변화를 결심한 모든 사람들이 쉽게 자신의 하루를 바꾸지 못하는 이유가 뭘까?

시작을 망설이는 이유는 자신의 시간과 의지를 전력을 다해 투자할 가치를 발견하지 못해서다. 다시 말해서, 뭐든 의욕적으로 멋지게 시작하며 성공률도 높은 사람은 다른 사람들은 발견하지 못한 사물과 세상의 가치를 더 자주 발견하는 안목이 있다는 말과 같다.

2 | 자기만의 동선을 만들어라.

나는 새벽 3시에 일어나면 언제나 커피를 내린 후 사색하는 방으로 들어간다. 그리고 사색할 때 사용하는 의자에 앉아 눈을 감고 생각에 잠긴다. 그럴 때면 늘 섬광처럼 스치는 영감이 떠올라 내가 지난 10년간 반복해서 읽는 괴테가 쓴 책 중 하나를 꺼내 읽게 된다. 그러다가 눈에 선명하게 들어오는 구절을 만나며, 나는 혼자 비명에 가까운 내면의 소리를 지르며 환호한다. 그렇게 2시간 정도 그 자리에서 나는 그날 하루 쓸 주제와 영감을 모두 찾아내 메모장에 적는다.

만약 내가 그 이른 시각에 일어나서 의자에 앉아 생각에 잠기지 않았다면, 죽어도 만날 수 없는 세상을 만난 것이다. 평생 모르고 지날 지식을 발견했고, 풀리지 않는 문제를 해결할 단초를 들고 앞에 펼쳐진 무수한 철학의 길을 걸을 수 있게 되었다. 공간의 크기는 별로 중요하지 않다. 다만 앞서 말했듯 새벽 3시라는 개념을 시간이 아닌 공간으로 인식하기 위해서는 움직이는 동선을 만들어 공간적인 느낌을 주는 것이 필요하다.

3 | 죽음을 기억하라.

나는 초심을 매우 중요하게 생각한다. 몸에 문제가 생겨서 생명이 위태롭다고 해도, 죽는 날까지 매일 글을 쓰며 사는 삶을 멈출 생각이 없다. 글 앞에서는 핑계와 변명이 있을 수 없다. 내게는 그것이 내가 살아 있는 이유이자 역사이기 때문이다. 죽음을 앞에 둔다고 할지라도 내가 선택하는 것은 생명의 연장과 치료가 아닌 글 쓰기일 것이다. 내 생명을 소비하며, 누군가의 생명이 될 살아 있는 글을 남기고 싶다. 아니 창조하고 싶다.

늘 언제라도 죽을 수 있다는 사실을 기억하고 살면 어떤 삶도 바뀌지 않을 수 없으며, 실천하기 힘든 것도 평소보다는 쉽게 도전할 수 있다.

실제로 나는 3년 전 암 선고(생명에는 큰 지장이 없는)를 받고 병원에서 돌아오는 길에도 평소처럼 영감을 받아 글을 썼다. 쓴 글을 수정하고 또 수정하며 암을 선고 받은 기억은 지워졌다. 죽음을 생각하면 당장 가장 사랑하는 일을 하게 되며, 가장 사랑하는 일은 가장 아픈 기억을 깨끗이 지워준다. 종이는 사라지지만 거기에 칠한 나의 색은 여전히 세상에 남아 내가 살아서 사색했다는 사실을 증명하기 때문이다. 무언가를 선택하고 계획할 때 '곧 죽는다고 해도 나는 이것을 할 것인가?'라는 질문을 던져보라. 그 질문이 당신을 가장 멋진 해답이 있는 곳으로 안내할 것이다.

초등학생 시절 할머니와 식사를 할 때, "세상에서 가장 무식한 게 음식 빨리 먹는 것 자랑하고 경쟁하는 거야. 기품 있게 먹어야지"라는 말을 자주 들었다. 그런 영향 때문인지, 나는 '한 끼 때운다'라는 표현을 좋아하지 않으며, 빠르게 허겁지겁 먹어치우듯 식사하는 걸 반기지 않는다. 물론 그것이 고급스럽거나 화려한 곳에서 여유롭게 식사하는 것을 의미하는 것은 전혀 아니다. 컵라면 하나를 즐기더라도 그걸 대하는 마음이 다르면 라면을 먹는 모습 자체의 풍경이 달라진다.

이를테면 컵라면 아래에 접시를 하나 받치고 먹는다고 생각해보라. "컵라면을 매일 먹을 수밖에 없는 현실은 세상이 내게 주는 '고통'이지만, 그 아래에 접시 하나를 받치는 것은 내가 나에게 주는 '선물'이다. 고통스러운 현실에서 곧 탈출하겠다는 의지를 자신에게 보여주는 것이라 말할 수 있다.

세상에 무언가를 요구하는 것은 개인 자신의 몫이지만 세상은 그걸 들어줄 수도 무시할 수도 있다. 하지만 우리는 가장 쉽게 현실을 바꿀 방법을 이미 알고 있다. 자기 자신에게 그것을 허락하는 것이다. 환경은 쉽게 바뀌지 않는다. 하지만 컵라면 아래에 접시를 받치며 자신을 스스로 배려하는 일은 누구나 쉽게 할 수 있으며, 그렇게 자신의 환경을 조금씩 스스로 바꿀 수 있다.

4

자신의
만족을
추구하라

"아, 시간을 바꿀 수만 있다면……."

"다시 과거로 돌아갈 수 있다면 얼마나 좋을까?"

우리는 가끔 지나간 시간을 돌아보며 후회한다. 돈과 시간을 바꿀 수 있다면, 시간은 매우 비싼 값에 팔릴 것이다. 그럼 이런 문제가 하나 생긴다.

"현재 나에게 주어진 1시간을 투자해서 번 돈으로, 과연 1시간 이상을 살 수 있나?"

쉽게 말해서 시간 대비 최고의 성과를 내는 사람이 아니라면 돈과 시간을 바꿀 생각을 하기보다는 지금 살아가는 현실에 충실한 것이 낫다는 말이다. 우리는 대부분 시간이 돈으로 거래가 되어도 그걸 살 정도로 가치 있는 일상을 보내지 못하고 있다.

시간을 대하는 관점을 제대로 정립할 필요가 있다. 이를테면 직원들의 건강과 성장을 위해 어떤 회사에서 이런 식의 제안을 했다고 가정해보자.

"정해진 기간 안에 금연과 다이어트에 성공하거나, 외국어 능력이 기준 이상으로 오른 직원에게는 인센티브를 주겠다."

이 말을 듣고 '어, 나도 이번에 겸사겸사 살이나 빼면서 인센티브나 받아볼까?'라는 생각에 운동기구를 사고 시간을 내서 피트니스센터 등록까지 하게 되었다.

자, 당신에게 벌어진 일에 대해서 생각해보라. 물론 담배를 끊고 과도한 식사를 제한하는 것은 건강에 좋은 일이다. 그러나 전체적인 시각에서 보면 결국 회사는 결승선에 인센티브라는 미끼를 걸고 목표까지 아무런 생각 없이 달려오게 만든 것이다. 그런데 인센티브와 바꾼 시간에 대해서 생각해본 적이 있는가? 당신은 다시 또, 약간의 돈과 자신의 소중한 시간을 바꾼 것이다.

인생을 바꾸고 싶다면 소중한 시간에 특별한 대우를 해주겠다는 다짐을 해야 한다. 무엇이든 돈과 바꿀 수 있게 만들어서 물질의 효율성만 강조한 시각으로는 우리에게 정말 소중한 것들을 느끼기 힘들다. 돈을 주고 시간을 사고 싶은 마음은 이해하지만, 결국 그 마음 역시도 여전히 일상의 소중함을 몰라서 나오는 욕망의 편린일 뿐이다. 몸이 아파서, 지난 시간이 아쉬워서, 다양한 이유로 우리는 돈을 줘서라도 시간을 사고 싶다고 생각하지만 결국, 시간을 가장 귀하게 쓰는 사람은 오늘도 여전히 어제처럼 주어진 삶에 최선을 다하는 자다.

그들은 타인의 하루에는 관심이 없다. 자신의 하루를 불태우고 거기에서 나오는 온기로 다시 힘을 얻어 내일을 준비할 뿐이다. 오늘이 뜨겁지 않은 자의 내일은 기약할 수 없다.

'돈을 주고 시간을 사고 싶다'는 생각에서 벗어나, 그대 자신의 삶을 타인이 봤을 때 '아, 저 정도의 삶이라면 내가 돈을 주고 사고 싶다'라는 생각이 들 정도로 농밀해지는 것이 우선이다. 당신이 생각하는 돈의 가치보다 귀한 마음으로 오늘 하루를 살면, 서서히 깨닫게 될 것이다. 내 삶에 지금 무엇이 필요하며, 무엇을 추구하며 살아야 하는지를 말이다.

"돈을 주고 시간을 사겠다는 생각을 버리고, 아무리 많은 돈을 줘도 바꿀 수 없는 오늘을 살아라."

관객이 열광하는 모습을 보기 위해

춤을 추고 노래하고 강연하는 사람은

결국 열광하지 않는 관객의 모습에

그간 쌓은 모든 자산을 잃게 된다.

관객이 죽는 날까지 열광해도

당신이 맞이할 결과는 마찬가지다.

타인의 만족을 위해 움직인 시간으로

내면의 만족을 얻을 수 없으니까.

관객의 행복과 만족도 중요하지만,

가장 먼저 자신의 행복과 만족을 추구해야 한다.

자신이 스스로 만족한 것을

관객도 좋아해야 롱런할 수 있지,

자신은 만족하지 못한 상태에서

관객만 좋아하면 금방 지쳐 멈추게 된다.

자신의 만족을 추구하라.

그것이 완벽한 변화의 비결이다.

세상의 봄은 결국 끝나지만

내면의 봄은 영원한 것처럼,
타인의 열광은 결국 끝나지만
자신에게 보내는 열광은 영원하다.

5

기회를 잡는
사람의 3가지
마음 원칙

비슷한 상황에서 살고 있지만 늘 불행한 일만 가득한 사람이 있고, 늘 좋은 기회를 잡는 사람도 있다. 두 사람의 능력이나 환경의 차이는 거의 없다. 차이는 대개 차분한 마음과 태도에서 시작될 가능성이 높다. 마음이 급해지면 바로 옆에 있는 행운도 놓치지만, 차분하게 바라보면 일상 곳곳에 기회가 놓여 있음을 알게 된다.

물론 사는 것이 편안해져야 여유도 생긴다고 주장할 수도 있다. 그러나 나는 순서가 그렇지 않다고 생각한다. 여유로운 사람도 살다보면 드문드문 힘든 순간이 찾아오는데, 그럴 때도 그들은 차분하게 주변을 바라보며 다시 기회를 찾아 좋은 나날을 스스로 잡고 즐기기 때문이다. 그들에게는 일상에서 반드시 지키는, 아니 이미 습관이 되어버린 3가지 마음의 원칙이 있다.

1 | 누군가 선물을 주면 감사의 마음을 전한다.

선물을 당연하게 생각하거나, 쉽게 스치지 말자. 주변을 보면 삶을 바꿀 기회가 선명하게 보이는데, 눈앞에 있는 그 멋진 기회를 놓치고 지나가는 사람들이 있다. 그들에게는 누군가 좋은 마음으로 준 선물도 의미 없이 스친다는 공통점이 있다.

나는 짧은 메일이나 카카오톡도 그가 내게 준 선물이라 생각하고 가장 좋은 마음을 담아 답장을 보낸다. 그런데 가끔은 그런 내 답장에 "네" 혹은 "감사합니다"라는 형식적인 답신을 보내는 사람이 있다. 물론 그것도 나는 감사하게 생각한다. 그러나 아무리 주는 마음이 따스해도 받는 사람이 차갑게 느낀다면 소용이 없다. 하나만 기억하자. "감사합니다"라는 표현에는 감사의 마음이 없다. 아무에게나 "사랑합니다"라는 말을 듣는다고 사랑이 느껴지는 것은 아니다. 표현은 그저 사람들이 서로 만든 약속일 뿐, 자기 마음을 제대로 전하려면 다른 표현이 필요하다.

2 | 사라지지 않고 늘 곁에 있는 존재에게 소중한 마음을 전한다.

내가 행복할 때나 불행할 때, 내가 가난할 때나 부유할 때, 내가 잘나갈 때나 하는 일이 풀리지 않을 때, 언제나 곁에서 나를 지켜보는 사람의 소중함을 알아야 한다. 좋을 때나 슬플 때, 언제나 나를 지켜보며 '네가 행복하기를 바라고 있어'라는 눈빛을 보내는 사람의 마음을 일상에 담고 살자. 그들은 우리 삶에서 뺄 수 없는 가장 고마운 사람들이다. 소중한 사람들을 일상에 담고 사는 것만으로도 우리는 인생의 가장 멋진 선물을 받은 것과 같다. 그것 자체가 최고의 기회이기 때문이다.

3 | 감사의 마음과 소중한 마음이 상대에게 전해질 때까지 멈추지 않고 전한다.

중요한 것은 꾸준함이다. 그리고 간절한 마음이다. 내가 아무리 간절해도 상대가 그걸 느끼지 못하면 간절해도 간절한 것이 아니다. 고마운 마음은 내가 아닌 상대가 그걸 느낄 때까지 멈추지 않고 보내야 한다. '내가 이 정도까지 했는데, 이제 그만해도 되겠지?'라는 생각은 애초에 고마운 마음이 아니었음을 증명한다. 고마운 마음은 나의 만족이 아닌 상대의 만족을 위해 시작된 것이기 때문이다.

기회가 그 사람 앞에서 줄을 서서 기다리는 사람이 있다. 그들은 고마운 마음을 느낄 때마다 정성을 다해 전하고, 곁에 존재하는 소중한 사람에게 늘 따스한 마음을 전한다. 그런 귀한 마음을 세상이 몰라줄 수가 없으니, 모든 빛나는 기회가 그 사람 앞에만 줄을 선다. 기회도 눈이 있어 무엇이 자신을 빛나게 하는지 잘 알고 있기 때문이다.

인간은 결국 생각한 대로 행동하며, 자신의 생각을 행동으로 실천한 만큼 삶을 바꿀 수 있다. 그러나 대표적인 변화주의자 괴테도 그렇게 사는 삶의 어려움에 대해서 이렇게 말했다.

"생각하는 것은 쉬운 일이고 행동하는 것은 어려운 일이다. 하지만 세상에서 가장 어려운 일은 생각한 대로 행동하는 것이다."

생각도 행동도 누구나 어렵지 않게 할 수 있다. 중요한 것은 타인이나 세상에 의해 강요된 생각이 아닌, 순수한 자신의 생각을 굳세게 행동으로 옮기는 일이다. 결국 내가 들려줄 말은 이것 하나다.

"소중한 사람을 영원히, 아름답게 사랑하라. 그 사랑이 너에게 가장 큰 기회를 줄 것이다."

6 감성이 지성을 **앞서게** 하지 마라

스스로 자기 인생을 바꿀 수 있는 사람으로 변화하려면 물음표와 느낌표를 오가는 여정을 거쳐야 한다. 이유는 간단하다. 변화는 이성과 감성의 적절한 조화로 이루어지는데, 물음표는 이성적인 것을 느낌표는 감성적인 것을 말하기 때문이다. 철학자와 과학자가 감성으로 새로운 이론을 발견하고 그것을 지성으로 증명하는 것처럼, 이쪽과 저쪽을 오가며 균형을 찾아가야 진정한 변화를 이룰 수 있다.

여기에서 꼭 기억해야 할 하나는, 누구도 당신에게 질문하지 않는다는 사실이다. 가장 근사한 답을 내기 위해서는 그에 맞는 질문을 창조해야 하는데, 그것은 오직 당신 자신의 몫이다. 질문은 지성의 영역이고, 느낌은 감성의 영역에 속한 것이다. 다시 강조하지만, 그래서 변화를 위해서는 일상에서 둘 사이를 왔다 갔다 해야 한다.

하나 희망적인 것은 이런 과정이 천재이거나 머리가 좋은 사람만 할 수 있는 것이 아니라는 사실에 있다. 다소 둔하다는 이야기를 듣는 사람이라고 해도 그저 바라보고 느낀 것을 질문하기만 하면 된다. 스스로 "이것도 질문으로 가치가 있을까?"라는 수준의 질문도 아낌없이 자신에게 묻자. 모든 질문은 아끼면 바로 사라진다.

가령 누군가 "우리 회사는 연봉이 너무 낮다. 연봉을 현실에 맞게 지급해야 한다"라고 말하면, 보통 그 말에 수긍하거나 별생각 없이 지나가게 된다. 그럴 때 주변 사람들을 떠올리며 이렇게 스스로 질문해 보는 것이다.

"같은 직급이라도 받는 연봉은 모두 다른데, 왜 저 사람은 평균 이하의 연봉을 받는 걸까?"

때로는 비상식적인 질문이 불쑥 나와도 괜찮다. 내 말은 그저 질문을 두려워하지 말라는 것이다. 우리가 지금 상식이라고 말하는 것들은 과거 비상식적인 질문이 쌓여 이루어진 것이라는 사실을 잊지 말자.

질문이 이끄는 지성을 적절히 활용하면 일상에서 우리가 자주 겪는 문제를 이렇게 풀어나갈 수 있다. 탈모로 고민하는 인구가 1,500만 명인 시대, 탈모와 영양 섭취에 대한 문제는 많은 사람들의 공통된 고민이다. 음식으로 단백질 등 영양분을 제대로 적절히 공급하지 않으면 탈모가 더 빠르게 진행되지만, 안타깝게도 그 정도로 먹으면 살이 찔 수밖에 없다. 반대로 나이가 들어 새치가 생기고 염색을 하면 당장 흰머리는 숨길 수 있지만 두피에 안 좋은 영향을 주니 다시 탈모의 진행 속도가 빨라질 수밖에 없다. 언제나 하나를 선택하면 다른 소중한 하나를 잃게 된다.

그러나 오직 돈만 벌기 위해 눈에 불을 켠 사람들은 다이어트도 하면서 탈모도 막고, 염색도 하면서 탈모도 막을 수 있다고 말하며 자기 제품을 홍보한다. 그건 마치 "본업에 종사하면서 가끔 시간을 투자하면 사이드 잡으로 본업 이상의 수익을 주겠다"라고 말하는 것과 같고, "원금을 보장하면서 매년 20% 수익을 보장한다"라고 말하는 것과 같다. 지성의 회로가 제대로 작동하는 사람들은 그것을 단번에 간파한다.

손에 쥔 것은 하나도 잃지 않고 오히려 좋은 것만 가득 채울 수 있다는 생각, 나는 그것이 바로 투기의 시작이라고 생각한다. 변화도 마찬가지다. 하나도 포기하지 않고 좋은 것만 취할 수는 없다. 변화는 절대 투기가 아니다. 그러나 소중한 2가지를 모두 가지려는 마음은 결국 투기의 세상으로 이끈다. 영양 섭취로 날씬한 몸을 조금 잃어야 머리카락을 조금 더 지킬 수 있고, 염색으로 머리카락을 조금 잃어야 검은 머리카락을 가질 수 있다. 세상에 갑자기 좋아지는 것은 별로 없다. 모든 것은 서서히 나아지며 반대로 서서히 나빠진다. 순리를 거스르지 않으면 우리 일상을 투기에 빼앗기지 않을 수 있다.

우리의 변화가 투기가 되지 않길 바란다면 지성이 감성을 이끄는 삶을 살아야 한다. 대화도 마찬가지다. 누군가에게 자신의 의견과 이야기를 이해시키려면 시작부터 끝까지 냉정을 유지해야 한다. 중간에 화를 내거나 음성이 조금만 변해도 상대는 그 미세한 변화를 통해 '저 사람의 지성이 길을 잃고 나를 설득하려는 의지만 남았구나'라는 기분 나쁜 사실을 느끼게 된다. 그런 순간이 찾아오면 이제 두 사람 사이가 당분간은 좋은 마음이나 기회로 이어지지 않을 가능성이 높다. 감정이 앞서면 그것은 하나의 엇나간 의지가 되고, 지성은 순식간에 길을 잃고 사라진다.

살을 빼야
그 자리로
좋은 기운이
들어온다

"부모가 책을 읽으면, 아이는 저절로 책을 읽는다."

이것과 같은 맥락의 명언이 하나 더 있다.

"식사를 적게 하면, 살은 저절로 빠진다."

모두가 인정하는 세상의 진리는 당연하게 거부당하고 있다. 매일같이 쏟아지는 '아이를 위한 독서법'에 대한 책은 부모의 '나는 읽기 싫은데 아이들은 읽으면 좋겠다'라는 욕망에서, 세상에 가득한 '다이어트법과 운동 그리고 약'은 '어제처럼 먹고 싶지만, 내일은 살이 빠지면 좋겠다'라는 욕망에서 나왔다. 모든 욕망은 그렇게 하나로 연결되어 있다.

　살을 빼면 그 빈자리로 좋은 기운이 찾아온다는 메시지를 굳이 변화와 삶을 논하는 책에 넣은 이유는 뭘까? 간단하다. 그럴 가치가 충분하기 때문이다. 먹는 것을 제어하지 못하는 사람은 언제나 자신과 싸워야 하지만, 그것을 쉽게 제어한 사람은 목표든 사람이든 다른 상대와 싸울 기회를 더 얻을 수 있다. 식탐의 유혹에서 벗어나지 못한 사람은 평생 자신과 의미 없는 싸움을 하느라, 식탐 제어에 성공한 사람에 비해서 자기 성장을 도모하는데 더 많은 시간을 투자하기 힘들다. 쉽게 말해서 그는 가장 소중한 것과 중요한 것에 시간을 투자하지 못하며, 자신이 먹어서 만든 살이라는 비극과 싸우느라 삶을 모두 낭비한다.

　그게 끝이 아니다. 정신력과 내면까지 모두 나약해지며 극도로 부정적인 감정에 자주 빠지게 된다. 실제로 그들은 이런 고민만 평생 반복하며 같은 질문과 답, 그 사이만 오가는 삶을 살게 된다.
　"먹어야 하나, 말아야 하나."
　"내일부터 그만 먹어야 하나, 다이어트를 조금 더 미룰까?"
　"남들이 나를 어떻게 생각할까?"
　바로 이것이다! 내가 식탐을 제어하는 것이 매우 인생에서 중요하다고 늘 강조하는 이유가 바로 여기에 있다. 그것은 자신을 향한 믿음과, 목표로 정한 것을 끝까지 추구하는 의지, 내면의 자유와 긴밀하게 연결되어 있다. 살이 찌거나 몸이 비정상적으로 변형되면 결국에는 최악의 상황인, 타인의 이목에 부담을 느끼는 삶을 살게 된다. 자꾸 고개 숙이게 되고, 자꾸만 움츠러든 상태로 숨게 된다. 나는 지금 그게 나쁘다고 말하는 것이 아니다. 그런 상태에서 빠져나와 행복한 변화를 시작하자는 말이다.

생산성과 삶의 원칙을 매우 중요하게 생각했던 고대 그리스 철학자 소크라테스도 "지나치게 먹는 것은 육체와 정신에 큰 해가 되므로, 포식하지 말고 조금 모자라는 듯할 때 식탁을 떠나라"라고 충고했다. 그의 말이 매우 중요한 이유는 내가 지적했듯 그도 식탐이 정신까지 망친다고 언급했기 때문이다.

과식은 몸만 망치는 것이 아니라 정신에도 최악의 영향을 미친다. 그게 바로 좋은 기운을 받으려면 그것이 들어올 수 있는 정신의 공간을 비워둬야 하는 이유다. 몸이 망가지면 우리는 그것이 정신에도 막대한 영향을 미친다는 것을 경험으로 알고 있다. 좋았던 것이 싫어지고, 사랑하는 사람도 미워지고, 즐겼던 취미도 돌아보기 싫은 것이 되어 버린다. 그냥 모든 것이 싫어지며 부정적으로만 세상을 바라보는 사람에게는, 어떤 좋은 기운도 머물지 못하고 곧 떠날 것이다.

우리가 만약 지금이라도 식탐의 유혹에서 멀어지게 되면 일상이 어떻게 바뀔까? 그걸 생각하기에 앞서 먼저 동물의 경우를 상상해보자. 동물이 자신의 식탐을 조금만 제어하게 되면, 아마도 사람이 놓은 미끼나 덫에 걸려 죽는 사례가 급격하게 줄어들 것이다. 또한 이동할 수 있는 반경을 넓힐 수 있을 것이며, 언제 죽을지 모른다는 불안한 생각을 덜게 되니 차분하게 일상을 즐길 수 있게 될 것이다. 동물에게서도 나타날 거라고 예상되는 이런 변화를 보면, 인간의 식탐이 그 사람의 몸과 마음에 얼마나 많은 영향을 미치고 있는지 짐작할 수 있다.

나도 마찬가지로 일상에서 맛있는 음식을 마주할 때마다 '아, 더 많이 먹고 싶다'라는 유혹을 느낀다. 그렇게 식탐은 결코 우리들 곁에서 사라지지 않는다. 식탐은 결국 함께 살면서 평생 제어할 대상이기 때문이다. 그래서 나는 그것을 제어할 질문을 하나 갖고 있다.

"배가 부르면 매우 기분이 나쁘다. 나는 왜 기분이 나쁠 때까지 먹어야 하나?"

매우 중요한 질문이다. 인간은 결국 적응의 동물이다. 평소에 식욕을 적절히 제어했던 사람도 몇 번 욕망의 폭주를 허락한 채 폭식을 거듭하면, 부푼 배를 두드리며 자는 게 가장 행복한 사람으로 바뀌기 때문이다. 식탐은 인간 자체를 순식간에 바꿔버린다. 변화하려는 모든 노력을 허사로 만들고 싶지 않다면 식탐의 유혹이 강력해질 때마다 자신에게 질문하라.

"나는 왜 기분 나쁠 때까지 먹으려 하는가? 행복하려고 먹는 것 아닌가?"

덜 먹고 가뿐히 의자에서 일어선 만큼 인간은 두 다리로 더 멋진 자유를 즐길 수 있으며, 음식을 생각하고 다이어트를 생각하느라 보내는 시간을 생산적인 곳에 투자할 수도 있다. 멈추지 않고 먹는 폭식과 식탐은 결국 불안한 자신의 현실을 반영하는 하나의 외면하고 싶은 장면일 뿐이다.

일상의 작은 변화를 시작해보자. 질문 하나만으로 생각은 바뀌고, 그것은 이내 삶의 태도가 되어 식탐을 제어할 수 있게 도울 것이다. 신은 인간을 사랑하여 아름답게 만들었다. 그러니 그 몸에 필요 이상의 음식을 넣고 또 넣으며 스트레스를 풀거나 자신을 학대하지 말자. 신의 사랑은 받았지만, 정작 자신의 사랑은 받지 못한 사람은 되지 말자.

8

완벽한 변화를 위한 5가지 시작의 기술

당신이 어떤 마음으로 무엇을 시작하는지는 알 수 없지만, 정신을 바짝 차리지 않으면 수많은 가짜들에게 사기를 당하기 딱 좋은 세상이다.

투자를 받아 시작한 식당을 몇 번이나 말아먹은 경험이 전부인 사람이 '장사의 신' 타이틀을 걸고 장사를 시작하는 초보 사업자를 대상으로 수업을 하고, 자비로 책을 몇 권 내고 팔리지도 않았는데 '베스트셀러 작가' 타이틀을 걸고 '당신을 가장 빠르게 베스트셀러 작가로 만들어 줍니다!'라는 책쓰기 수업을 하고, 제대로 뭐 하나

기획한 경험도 없는 사람이 '기획 천재' 타이틀로 기획을 가르치고, 직장에서 또라이로 통하는 사람이 기가 막힐 노릇이지만 '직장 관계 전문가'로 관계 수업을 하며 살고 있는 게 현실이기 때문이다. 참 다양한 사람이 서로를 속이며 먹고살기 위해서 최선을 다해 분투한다.

그러나 정말 안타까운 사실은 지금도 많은 사람이 삶의 변화를 꿈꾸며 그들에게 찾아가 각종 수업을 듣고 맹신한다는 것이다. 스스로 변해본 적이 없는 사람에게 아무리 오랫동안 가르침을 받는다고 변화가 생길 수 있을까?

나는 자기 삶을 바꾸려는 자들의 절실한 마음을 알고 있다. 지금도 많은 사람이 무언가를 시작하고 있고, 엉망진창이 된 자기 인생을 바꾸기 위해 여기저기를 찾아가며 간절한 마음을 전하고 있다.

"이런 거지 같은 내 모습을 더 이상 참을 수가 없어!"

"나도 이제 제발 사람 사는 것처럼 살고 싶어!"

당신에게 여전히 변화를 위한 뜨거운 열정이 있다면, 내가 전하는 시작을 위한 5가지 기술을 자신의 것으로 만들어야 한다. 만약 지금까지 글을 읽었음에도 그런 마음이 들지 않는다면, 당신은 지금 이대로 사는 게 그런대로 참을 만한 게 틀림없다. 그게 아니라면 활기가 넘치는 정신으로 읽어보자.

1 | 완벽한 사람은 없다는 사실을 인정하라.

과연 세상에 완벽한 사람이 있을까? 누구나 인생을 살며 중간 중간에 돌이킬 수 없는 실수를 하게 된다. 시작부터 완벽한 모습을 자신에게 요구하면 스스로 피곤해진다. 완벽한 결과를 설계하는 것은 좋지만, 시작할 때는 모든 실수를 받아들이며 인정하겠다는 자세를 가지는 게 좋다.

중요한 건 스스로 완벽할 수 없다는 사실에 대한 깨달음이다. 완벽에 대한 충동은 때로 그 사람을 파멸로 몰아넣기 때문이다. 완벽할 수 없다고 생각하는 사람들은 오히려 자신의 실수와 무지를 부끄럽게 생각하며 배우려고 하지만, 반대로 완벽에 대한 욕구가 강한 사람들은 실수한 흔적을 없던 일처럼 숨기려고 하다가 결국 누군가에게 들켜서 그간 힘들게 쌓았던 명성과 부를 한순간에 잃기도 한다.

변화는 끝을 보는 게 중요하다. 중간에 멈추면 아무것도 아닌 것이 되기 때문이다. 편안한 마음으로 시작하라. 그래야 끝까지 갈 수 있다.

2 | 시작한 이유를 한 줄로 압축하라.

의지를 강하게 다졌음에도 시작이 더디게 진행되는 가장 큰 이유 중 하나는, 처음부터 너무 많은 것을 알아야 한다는 생각에 빠져 있기 때문이다. 그럴 때는 이런 생각을 하며 그 늪에서 벗어나야 한다.

"무엇을 배우든 단순한 '앎'으로 그쳐서는 안 된다. 반드시 '응용'까지 할 줄 알아야 한다. 실천할 수 없는 지식은 그저 팔리지 않는 값비싼 장식일 뿐이다."

변화와 실천을 강조하며 매일 새롭게 자신을 바꾸며 살았던 무술의 대가 이소룡은 "나는 만 가지 종류의 발차기를 한 번씩 연습한 사람은 무섭지 않다. 그러나 한 가지 발차기를 만 번 연습한 사람은 무섭다"라고 말했다.

시작과 실천의 힘을 중시한 그가 그런 말을 한 이유는 간단하다. 한 가지 발차기를 만 번 반복했다는 것은 그가 한 가지 발차기의 가치를 알고 있는 사람이라는 사실을 증명하기 때문이다. 만 번의 연습을 시작하려면 그것을 하는 이유와 가치가 명확해야 한다.

그래서 우리는 무언가를 시작하기 전에, 반드시 모호한 부분을 사라지게 해야 한다. 스스로 시작한 변화에 모호한 것이 남아 있다면 그것을 제대로 주도할 수도 없기 때문이다. 그러므로 멋진 시작을 하고 싶다면, "나는 왜 변화를 결심했는가?"라는 질문에 대한 답을 한 줄로 정리할 수 있어야 한다. 그 한 줄이 선명해질 때까지 이유를 다듬고 또 다듬어야 한다.

3 | 누군가를 미워하는 마음이 시작을 막지 않게 하라.

복수를 결심한 사람이 복수에 성공하는 모습을 본 적이 있는가? 나는 복수를 하겠다는 사람은 자주 봤지만, 복수에 성공했다는 사람은 거의 본 적이 없다.

이유가 뭘까? 누군가를 강렬하게 미워하는 마음으로 시작한 일은 결국 중간에 흐지부지 끝나기 때문이다. 복수라는 감정에는 시작을 끝까지 유지할 힘이 없다. 한 사람이 보낸 시간은 그 사람 인생에 고스란히 쌓여 지적인 무기가 되지만, 누군가를 미워하며 보낸 시간은 쌓이지 않고 사라진다.

그래서 언제나 모든 시작은 아름다워야 한다. 그 아름다운 마음은 바로 타인에 대한 좋은 마음에서 시작한다. 누구나 작은 죄는 지을 수 있기 때문에 무결한 삶을 살긴 쉽지 않지만, 최소한 타인을 향한 미움은 거둘 수 있다. 그것은 큰 힘이나 강한 의지가 필요한 일이 아니기 때문이다.

'모든 미움은 결국 자신에게 돌아온다'라는 말을 잊지 않으면 누구나 쉽게 일상에서 타인을 좋은 마음으로 바라보는 삶이 가능하다. 타인에게 못된 마음을 가지면 당신이 던진 것보다 크고 단단한 형태의 못된 것을 돌려받을 것이다. 결국 모든 것은 자신을 위한 것이다. 그러므로 자신을 위해 타인을 미워하지 마라. 많은 사람이 당신의 시작을 축복할 수 있게 하라.

4 | 예의와 노력을 최고 가치로 삼자.

'예의'와 '노력'이라는 표현이 이제는 진부한 말로 들릴 수도 있다. 하지만 그것은 두 단어의 가치를 몰라서 하는 말이다. 타인의 고개를 숙이게 하긴 힘들지만, 나의 고개는 언제든 숙일 수 있다. 바로 예의가 가진 힘이다. 그것은 언제든 스스로 자신을 움직여 깊고 넓은 마음을 상대에게 보여준다. 마찬가지로 운을 끌어들이는 것은 힘들지만, 언제든 노력으로 원하는 것을 얻을 수는 있다. 그것이 바로 세상이 운을 주지 않아도 뭐든 일상의 노력으로 쟁취해내는 사람들의 비밀이다.

가진 것이 하나도 없이 무언가를 시작했다면 반드시 더욱 예의와 노력이라는 무기를 장착하기를 바란다. 그것만이 스스로 제어할 수 있으며 누구에게도 빼앗길 수 없는, 이 수많은 사람들 중 당신을 구분하게 만들어 줄 가장 강력한 자산이니까.

5 | 자신이 설정한 철학을 끝까지 잃지 마라.

기품이 넘치는 예의와 뜨거운 노력으로 무언가를 시작해서 하나하나 이루어나가도, 세상 어딘가에서는 당신을 비난하고 악의적인 소문을 내는 사람이 있을 것이다. 누구도 그걸 피할 수는 없다. 오히려 그런 현상이 일어난다는 것은 당신이 잘되고 있다는 증거일 수도 있다. 그럼에도 끝없이 당신을 흔드는 세상과 누군가의 모함을 견디기 힘든 날이 찾아올 것이다. 그럴 때는 차마 닦을 수도 없는 억울한 눈물도 흐를 것이다. 그래서 변하지 않는 자기 철학이 필요하다.

나는 그것을 '사색훈'이라고 부른다. 자신을 대표할 하나의 문장을 정해서 매일 그것을 낭송하며 가치를 지키자. 내 사색훈은 '세상과 사람을 사랑할 수 있는 글을 쓰자'이다. 그런 사색훈을 갖고 있어서 돈과 명예가 주는 유혹에서 자유로울 수 있고, 온갖 근거 없는 악플에서도 평안을 얻을 수 있다. 나는 이제 내게 근거 없는 비난을 던지는 그들을 볼 때마다, 마음속으로 괴테가 알려준 가르침을 들려준다.

"너희들이 비난의 화살을 쏜 자리에는 이제 내가 없어. 거긴 이미 내가 과거에 지나간 자리니까."

변화를 시작한 자는 비난이라는 화살에 맞지 않는다. 그는 늘 움직이며 성장하는 자이기 때문이다.

언젠가 매우 놀라운 영상을 본 적이 있다. 영상 속에 나온 노인은 알츠하이머를 앓고 있는 70대 여성이었다. 그런데 거동이 불편한 그녀에게 차이콥스키의 〈백조의 호수〉를 들려주자 놀랍게도 발레를 하듯 손을 우아하게 움직이기 시작했다. 백조의 호수를 듣고 발레 몸짓을 하고 있는 그녀의 눈과 표정에서 나는 매우 강렬한 인상을 받았다. 이제 몹쓸 병에 걸려 모든 것을 다 잊었지만, 그녀는 자신이 젊었을 때 발레리나로 활동했다는 것만은 기억하고 있었다.

누구나 자신이 가장 사랑했던, 추억만 해도 마음이 들뜨는 순간을 잊지 못한다. 나는 모든 이의 시작이 그랬으면 좋겠다. 더 나은 내일을 맞이하지 않아도 괜찮다. 때론 같은 모습으로 존재하며 사는 것도 꽤 근사한 일이다. 다만 그녀가 여전히 자신의 젊은 나날을 기억하고 있는 것처럼, 지금 이 순간에 절대 잊을 수 없는 온전한 나로 존재하면 된다.

아무것도 내게 묻지 말고,
네 마음이 향하는 곳으로 가라.
식지 않는 열정을 이용하고,
깨달아야 할 때를 놓치지 마라.

모두가 평등한 건 아니지만
그 저울이 공평해질 때가 있나니,
네가 무언가를 시작하는 순간이다.
우리는 스스로 무언가를 시작하며

자신에게 공평한 기회를 줄 수 있다.

너는 스스로 시작하든지,
누군가에 의해 시작당해야 한다.
스스로 시작해서 너의 것을 만들든지,
시작당해서 남의 것을 만들어야 한다.
너의 인생을 살 생각인가,
남의 인생을 대신 살아줄 생각인가.

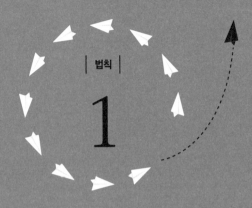

법칙

1

환경을 만들고 이용하라

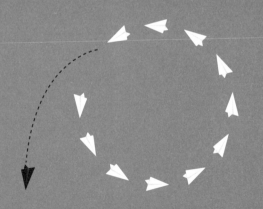

1

무엇이
술과 담배에 찌든
노숙자에게
희망을
갖게 했을까?

　　미국의 한 자선단체에서 거리의 노숙자를 대상
으로 이런 실험을 했다. 30여 명의 노숙자에게 매달 일정 금액의
돈을 지급하며 일상의 변화를 관찰하는 것이었다. 처음에는 매달
30만 원 정도의 돈을 주자 그들의 일상은 크게 달라지지 않았다.
오히려 악화되었다. 그 돈으로 담배나 술을 샀고, 거리에서 술을
마시며 취해 잠든 모습이 자주 나타났다. 매달 30만 원이라는 돈
이 들어 왔지만, 그들은 희망을 키우기보다는 현실에서 좋지 않은
것에 중독되어 절망의 늪에 빠질 뿐이었다.

그래서 이번에는 금액을 높여 매달 80만 원을 지급했다. 상황이 어떻게 되었을까? 더 많은 술을 마시거나 담배를 피웠을까? 아니다. 오히려 다수의 노숙자들은 반대로 금주와 금연을 스스로 결심했고 강력한 의지로 목표한 바를 실천했다. 스스로 자신의 삶을 바꾼 것이다.

그 힘은 어디에서 나온 걸까? 그리고 매달 받는 돈으로 무엇을 했을까? 그 힘은 '충분한 돈'에서 나왔고, 대부분의 돈을 저축했다. 이제야 모을 정도로 가치가 있는 돈을 받고 있다고 판단했기 때문이다. 그렇게 모은 돈으로 그들 중 다수는 작은 집이나 방을 얻었고, 일을 구해서 자신의 삶을 살아가기 시작했다. 힘에도 크기가 있다. 활용하기 힘들 정도로 낮은 수준의 힘을 주면 우리는 그냥 그것을 소모하려고 하지만, 변화를 꿈꿀 수 있을 정도의 충분한 힘을 주면 거기에서 희망을 발견해서 스스로 자신을 바꿀 거대한 용기와 의지를 갖게 된다. 이것은 정말 중요한 가치다.

하루는 방송에서 열정적으로 활동하던 한 논객이 충격적인 소식을 듣고 내게 찾아왔다. 그는 생명이 위독한 상황은 아니지만, 자신이 암에 걸렸다는 사실을 털어놨다. 나는 그에게 매우 간단한 처방을 했다.

"방송을 그만두세요. 그리고 당신이 아끼는 사람들과 가장 사랑하는 일을 시작하세요."

그러나 그가 내 처방을 바로 받아들인 것은 아니었다. 세상에 자신의 이름을 알리고, 그에 맞는 돈을 벌고 싶다는 욕망이 아직 암이라는 병에 지지 않았기 때문이다. 하지만 건강이 악화돼 죽음을 걱정하게 되자 그는 내 말을 따랐고, 지방으로 내려가 정원을 가꾸며 방송은 스스로 원할 때만 드문드문 하고 있다.

앞서 노숙자가 자신의 삶을 스스로 바꾼 것처럼, 그도 자신이 사랑하는 일을 선택하며 스스로 삶을 바꿔나가기 시작했다. 그러자 놀라운 일이 일어났다. 인생의 시름이 줄고 즐거운 일이 많아지면서, 최근에는 의사에게 몸이 매우 좋아졌다는 소식을 듣게 된 것이다. 그러나 이것은 기적이나 마법이 아니다. 이유는 단 하나, 그가 살아가는 환경이 그를 편안하게 만들어줬기 때문이다.

사는 환경을 바꾸는 일은 자기 삶을 바꾸기로 결정한 사람에게는 매우 중요한 부분이다. 보고 듣고 느낀 것이 곧 그 사람의 일부가 되기 때문이다. 그런 의미에서 나는 철학이라는 것도 그 사람이 살아가는 환경이라고 생각한다. 내가 그것을 스스로 경험했기에 자신 있게 말할 수 있고, 지금도 삶에서 증명하고 있다.

고등학교 때 몸무게를 30kg 이상 감량한 후, 지금까지 거의 변동 없이 몸무게를 유지할 수 있었던 힘은 결국 음식을 대하는 철학에 있다. '절대'라고 말할 정도로 내가 먹지 않는 음식이 몇 가지 있는데, 그중 하나가 바로 각종 첨가물과 설탕이 들어간 음료수이다. 지독할 정도로 마시지 않는데, 이유는 간단하다. 그 맛에 빠지기 시작하면 식사보다 높은 칼로리 섭취로 금세 정상 이상의 체중이 되기 때문이다. 문제는 거기에서 끝나지 않는다.

음료를 중간중간 마시는 삶이 시작되면, 아무리 운동을 하고 금식을 해도 살이 빠지지 않는 몸으로 완전히 바뀐다. 작고 사소한 음료 하나가 인생을 완전히 다른 형태로 바꾸는 것이다. 초코우유나 딸기우유, 콜라, 설탕으로 가득한 과일'향' 음료 등의 유혹에 넘어가면 인생도 통째로 넘어간다는 사실을 깨달아야 한다. 나도 마찬가지다. 지난 30년 동안 지속한 노력과 일상이 딸기우유 한 잔에 흔적도 없이 사라질 수도 있다.

물론 앞서 소개한 노숙자처럼 세상이 우리에게 매달 돈을 주는 것은 아니다. 기회는 모두에게 주어지는 공평한 것이 아니다. 그것은 복권당첨과도 같아서 평생 한 번도 손에 쥐지 못할 수도 있다.

그래서 신은 모두가 기회를 공평하게 누릴 수 있게 '변화라는 도구'를 만들었다. 우리는 변화를 선택하며, 스스로 자기 삶에 매달 혹은 매일 돈보다 귀한 기회를 선물할 수 있다.

2

처한 상황을
도저히
바꿀 수 없다면

세상에는 사람들 앞에 서는 것 자체를 부끄럽게 생각하는 내성적인 개그맨이 있고, 모르는 사람과 대화를 나누는 것조차 힘든 낯을 가리는 연기자도 있다. 그러나 그들은 촬영이 시작되거나 무대 위에 올라가면 전혀 다른 사람이 된다. 스스로 삶의 태도와 성향까지 순식간에 바꾸는 셈이다. 우리도 그들처럼 지금까지의 삶을 고쳐 완전히 바꿀 수 있는 걸까? 나는 그렇다고 생각한다.

평생 사람에 대해 깊이 연구했던 괴테는 일흔이 넘은 나이에 자신이 사는 독일의 젊은 여성들이 유독 영국의 청년들에게 마음을 빼앗겨 상처 입는 모습을 보고, 그 이유를 분석했다. 그들의 핵심 에너지는 크게 3가지였다.

1 | 낯선 공간과 환경에 빠르게 적응하는 힘

독일 남성과 다르게 영국 남성은 17살의 젊은 청년도 낯선 독일 땅에서의 새로운 시작을 조금도 어색해하거나 당황하지 않았다. 어떤 상황에서도 빠르게 적응하며, 그 공간을 자신에게 익숙하게 만들었다.

2 | 뭐든 할 수 있다는 강한 자신감

낯선 공간에 적응한 후 나타나는 변화는 바로 자신감이었다. 실제로 아무리 어린아이라고 할지라도 사교 모임에 참석하는 그들은 언제나 의젓하게 말하고 행동했다. 기품과 더불어 차분하게 주변을 관찰하는 힘은 자신감에서 나온다.

3 | 어디에서든 주인이 되는 삶의 태도

그런 자세와 변화는 어디에서 나오는 걸까? 사실 스무 살이 되기도 전에 그것도 낯선 나라에 빠르게 적응하는 것은 쉬운 일이 아니기 때문이다. 괴테는 그들의 빠른 변화의 비결을 '주인 의식'에서 찾았다. 그들은 마치 어디를 가나 자신들이 주인이며 '온 세계는 당연히 나의 것이다'라고 생각하는 태도를 지니고 있었다.

이는 매우 많은 시사점을 남긴다. 그게 무엇인지 다음 사례를 통해 알아보자.

무려 49세까지 독일 슈투트가르트 발레단에서 현역으로 멋지게 활동했던 발레리나 강수진은, 처음 1985년 18세 때 스위스 로잔 발레 콩쿠르에서 우승하며 세계에 이름을 알렸다. 그리고 이듬해인 1986년 세계 5대 발레단인 슈투트가르트 발레단의 단원으로 입단했다. 여기에서 중요한 것은 그녀의 성장이 순식간에 이루어진 것이 아니라는 사실이다.

그녀는 무대의 맨 뒷줄부터, 그러니까 영화로 비유하면 이름 없이 지나가는 엑스트라 역할에서 시작해 한 줄씩 전진했고 무려 11년 뒤에서야 수석 발레리나가 되었다. 매우 오랜 기간 동안 가장 뒷줄에서 군무로 활동했던 그녀는 당시 매우 힘들어서 자살까지 생각했었다.

그때 암울했던 그녀를 구원한 것이 바로 발레단과 숙소 중간 숲에 있는 작은 벤치였다. 그 벤치는 그녀에게 세상 그 무엇보다 따스한 하나의 공간과도 같았다. 그녀는 숙소와 발레단을 오가며 매일 혼자 그 벤치에 앉아 사색에 잠겼다. 벤치 앞에서 과거를 회상하며 들려주던 그 이야기를 들으며 내가 "어, 그럼 이 벤치는 '사색 벤치'라고 불러도 되겠네요?"라고 묻자, 그녀는 그게 정말 딱 맞는 표현이라고 답했다. 그녀는 그 작은 공간에서 현재의 자신을 바꾸며 끊임없이 어려운 상황을 해결할 수 있는 방법을 찾아냈다. 그렇게 찾아낸 방법이 그녀를 오랫동안 현역으로 활동하게 해주었다.

도저히 희망이 보이지 않았던 어느 날, 그녀는 사색 벤치에 앉아 상황을 변화시킬 방법을 하나 찾아냈다. 그것은 질문에서 시작되었다. 그런 상황이라면 보통은 "어떻게 하면 다른 발레리나들을 이길 수 있을까?"라는 질문을 하지만, 그녀가 벤치에서 찾은 답은 전혀 다른 것이었다. 바로, "어떻게 하면 그들과 다른 발레를 할 수 있을까?"라는 상황을 완벽하게 바꿀 수 있는 질문이었다.

만약 그녀가 무작정 이기려고만 했다면, 외적 매력과 근력이 떨어지면서 젊은 나이에 은퇴했을 가능성이 높다. 하지만 다르게 하려고 했기에 은퇴시기를 자신이 결정할 수 있었다. 스스로 인생을 바꾸며 살아온 그녀의 삶은 자신처럼 살고 싶은 사람들에게 이렇게 말한다.

"먼저 자신만의 공간을 찾아라. 그리고 그 안에서 다르게 살게 만들 나만의 방법과 그걸 현실로 만들어 줄 수 있는 핵심 질문을 발견하라."

하루에 10분 정도는 아무도 모르는 자신만의 공간에서 마음과 만나는 시간을 가져보자. 특별한 공간이거나 굳이 외딴곳일 필요는 없다. 가장 중요한 것은 '내 마음과 맞는 곳'을 찾는 것이다. 혼자만의 공간에서 머무는 시간이 근사한 이유는 나의 마음과 함께 하나의 생각을 즐길 수 있기 때문이다.

등산이나 산책을 할 때 두 다리와 어딘가를 함께 가는 듯한 감정에 빠지는 것처럼, 혼자만의 공간에서 나는 비로소 내 마음을 독대한다. 그 시간에는 정말 나와 함께 존재한다는 느낌을 받는다.

세상의 변화와 진동에는 그렇게 예민하게 반응하면서 왜 우리는 가장 소중한 내 마음의 변화와 소리에는 귀를 기울이지 않을까? 세상의 소리를 차단하고 마음의 문을 살며시 열고 들어가자. 마음에서 소리 없이 일어나는 감정의 움직임을 느끼고, 장난꾸러기 아이를 바라보는 것처럼 해맑게 웃으며, 소중한 마음을 안아주는 시간을 가져보자. 그리고 모든 것이 원하는 대로 변한 미래의 어느 지점을 생생하게 그려보자. 순간을 견딜 최소한의 힘을 얻게 될 것이다.

3

일상을 바꾸는 3가지 선택의 철학

하루는 인터넷 기사에서 넷플릭스의 공동 설립자 마크 랜돌프가, 자신의 아버지가 글로 적어 준 〈8가지 성공지침〉을 욕실 거울 옆에 붙이고 매일 읽었다는 글을 읽었다. 그 내용 중 4가지를 소개하면 아래와 같다.

1 | 시키는 일보다 최소 10% 이상 더 해라.

2 | 모르는 것에 대해 사실처럼 말하지 마라.

3 | 윗사람이든 아랫사람이든 예의를 갖춰라.

4 | 트집 잡거나 불평하지 마라.

나는 지금 그가 어릴 때 교육받은 성공 지침을 전달하려는 것이 아니다. 시대가 변했다. 그것은 이전의 방법은 이제 통하지 않는 다는 것을 의미한다. 인공지능 기술이 도입된 비대면 시대에 맞는 변주된 방법이 필요하다. 내가 찾은 변주한 방법은 이것이다.

1 | 시켜서 하는 일의 비중을 매달 10% 이상 줄여라.

내가 좋아서 하는 일의 비중을 차근차근 높여라. 인생의 성공과 행복은 결국 '누가 먼저 자기 일로 삶을 가득 채울 수 있는냐?'에 달려 있다.

2 | 모르는 것을 절대 지나치지 마라.

지금은 모르지만 언젠가 그것을 사실처럼 말하기 위해 끊임없이 연구하고 관찰하라. 당신만 아는 지식의 넓이와 폭을 확장하라. 그게 모여 당신의 세계가 된다.

3 | 이제는 나이로 위아래를 따지는 시대는 지났다.

지혜를 주는 사람이라면, 이유를 불문하고 그가 당신의 스승이다. 그에게 예의를 갖추고 고개를 숙이며 존경을 표하라.

4 | 긍정적인 트집을 잡으며 상대에게 배우고 싶은 것을 당신의 것으로 만들어라.

그럼 현실에 대한 모든 불평이 사라질 것이다. 뭐든 불평하는 이유는 자신이 무능하기 때문이다.

우리가 듣거나 읽는 지식은 대개 과거의 것들이다. 그래서 현실과 동떨어진 내용일 가능성이 매우 높다. 그것이 우리의 많은 지식이 되지만, 변화에 큰 힘으로 작용하지 않는 이유이기도 하다. 그래서 나는 일상을 바꾸는 3가지 선택의 철학에 대한 이야기를 전하고 싶다.

사람들이 어떤 욕망을 갖고 있으며, 그들이 전하는 이야기를 내게 맞게 변주하려면 어떤 생각을 거쳐야 하는지 파악하는데 도움이 될 것이다. 각종 어플로 비율을 바꿔 다리는 길게, 얼굴은 계란형으로, 눈은 순정만화 주인공처럼 바꾸는 것은 클릭 한 번이면 할 수 있는 간단한 일이다.

그러나 책을 읽고 사색하며, 사색한 것을 실천으로 옮기며 지성을 갖추는 것은 클릭으로는 할 수 없는 매우 힘든 일이다. 세상에는 큰 노력을 하지 않아도 쉽게 이루어지는 일이 있는데 그것들은 대개 눈에 확실히 결과가 보이는 것들이고, 반대로 매우 어려운 과정을 통해 얻어지는 것들은 눈에 잘 보이지 않고 느껴지지도 않는 것들이라는 공통점이 있다.

그래서 세상에는 언제나 더 쉬운 일인 클릭 하나로 할 수 있는 것을 실천하는 사람의 숫자가 더 많다. 물론 그것이 지성을 갖추려는 의지가 부족하기 때문은 아니다. 빠르게 뭔가를 얻어 증명하고 싶은데, 가치 있는 것들은 언제나 긴 시간을 요구하기 때문에 쉽고 빠른 것에 일상을 투자하게 된다. 누구나 마찬가지다. 의지의 강도와 용기는 보통 다들 비슷하다. 중요한 것은 선택에 임하는 철학의 방향이다. 변화의 가능성을 높이는 사람들의 철학은 다른 사람들의 그것과는 전혀 다르다. 그들이 주로 선택하는 철학의 방향은 다음 3가지다.

- 쉽게 가질 수 없는 것
- 빠르게 표가 나지 않는 것
- 금방 차이를 느낄 수 없는 것

암기는 쉽지만 이해하려면 시간과 노력이 많이 필요하다. 사진 보정은 쉽지만 실제로 살을 빼는 일은 엄청난 노력과 시간이 필요한 일이다. 직장에서도 마찬가지다. 가능하다고 말로는 수없이 외칠 수 있지만 실제로 할 수 있는 능력을 갖추려면 입을 닫고 보이지 않는 것을 얻기 위해 분투한 시간과 노력이 필요하다. 우리는 언제나 일상에서 선택 앞에 선다. 클릭 하나로 쉽게 바꾸려는 유혹이 당신의 마음을 침범할 때, 누르려는 손을 다시 들고 앞에 나열한 3가지 철학을 바탕으로 일상을 재구성하라.

그리고 또 하나, 모든 시대와 상황에서 통하는 철학은 없다는 사실을 기억하라. 정답은 오늘을 살아가는 당신의 일상 속에 존재한다. 어떤 멋진 변화의 철학도 시대와 상황에 맞지 않으면 실천이 불가능하다. 우리가 좋은 말과 글을 접했지만 실천까지 가지 못하는 이유는 의지력이 약한 이유도 있겠지만, 너무나 먼 이야기라서 지금 시대에는 행동으로 옮기기 쉽지 않거나 무의미한 것들이기 때문이다.

어떤 위대한 책에도 결점은 있다. 인생도 명언도 역사도 그렇다. 그래서 우리에게는 상황을 변주할 수 있는 능력이 필요하다. 그 능력을 자신의 것으로 만들고 싶은 당신에게, 내가 들려주고 싶은 말은 이것이다.

"그 시대의 심장으로, 오늘의 풍경을 보라."

4

오래된
습관을
이기는법

일상의 변화는 쉬운 일이 아니다. 그것은 마치 집에 설치된 오래된 수도배관을 통째로 드러내 다시 설치하는 일과 같기 때문이다. 그러나 그게 귀찮거나 돈이 많이 든다고 물이 새는 수도관을 뜯어내 다시 설치하지 않는다면, 결국 새어 나온 물에 지반이 약해져 집이 무너지는 결과를 맞이할 수도 있다. 지금으로서는 상상도 못 할 모든 엄청난 결과는 이렇듯 사소한 곳에서 시작하기 마련이다. 그러므로 우리는 변해야 할 때 변화를 선택하지 않으면, 돈보다 소중한 시간과 노력이라는 더 많은 삶의 비용을 내야 한다는 사실을 자각해야 한다.

자, 그렇게 변화의 필요성을 절실하게 느꼈다면 이제 본격적으로 그것이 어떤 과정을 통해 인생에 영향을 미치는지 살펴보자. 지금부터 내가 설정하는 공간을 상상해보라. 여기는 신호등이 없는 3미터도 되지 않는 짧은 거리의 횡단보도 앞이다. 길을 건너려고 하는데 우회전을 하는 자동차와 마주쳤다. 여기에서 당신은 어떤 행동을 선택할 것 같은가?

사람에 따라 반응은 크게 4가지로 나뉜다. 자동차가 오는 것을 알면서도 모른 척 '사람이 먼저지'라는 표정으로 건너는 사람, 오히려 평소보다 더 천천히 느릿느릿 자동차에 신경 쓰지 않고 건너는 사람, 조금은 미안한 표정으로 서둘러 뛰듯 건너는 사람, 마지막으로 차가 먼저 지나가도록 잠시 기다렸다가 여유롭게 건너는 사람이 있다.

나는 이렇게 같은 상황에서도 다르게 행동하는 4가지 부류의 사람들이 각기 일상에서 어떻게 행동하는지 오랫동안 관찰해봤다. 과연 누가 더 여유로운 일상을 살고 있을까? 그리고 누가 더 빡빡한 일상에서 고통을 겪고 있을까?

물론 다면적으로 확인할 수 없어 단언하기는 힘들지만, 차를 무시하거나 사람이 먼저라는 의지를 강하게 가지고 있는 사람들은 다소 고집이 있어서 일상에서 사람들과의 관계에서 어려움이 있었다. 운전자를 의식하며 길을 빠르게 건너는 사람은 남을 먼저 생각하는 작은 행동 덕분에 늘 남들보다 빠르게 약속한 장소에 나타났고, 그런 태도는 그를 여유롭게 살 수 있게 도왔다. 그리고 가장 여유로운 일상을 보내는 사람들은 자동차가 먼저 지나갈 수 있게 기다린 후에 건너간 사람들이었다.

이 결과가 우리에게 전하는 가치는 무엇일까? 잘 생각해보면, 늘 서두르는 사람은 늘 서두를 일이 생긴다. 이유는 간단하다. 자신에게 일어나는 모든 일에 대한 시간 배정을 너무 빡빡하게 정했기 때문이다. 반면에 늘 여유롭게 사는 사람은 지하철을 타더라도 혹은 자가용으로 이동하더라도 늘 10분 먼저 출발하기 때문에 서두를 원인 자체를 만들지 않아 조금 더 여유롭게 활동할 수 있다.

절대적으로 시간이 부족한 사람은 아무리 남을 배려하고 존중하는 본성을 지니고 있어도 어쩔 수 없이 서두르게 된다. 결국 본성이나 성격을 믿기보다는 그럴 수밖에 없는 상황을 만드는 게 자신을 바꾸는 데 효과적이라고 볼 수 있다. 만약 지금 삶이 복잡하고 빡빡하게 움직이고 있다는 생각이 든다면, 일상에서 자동차가 먼저 지나가게 기다린 후 출발하는 시도를 해보자. 그런 사소한 태도 하나가 당신의 일상을 여유롭게 바꾸는데 분명 힘이 될 것이다.

일상의 변화가 곧 성장이나 성공으로 연결되는 것은 아니다. 중요한 것은 그렇게 자신에게 나아질 기회를 줄 수 있다는 사실이다. 기회는 자신에게 부여하는 가능성이다. 신은 그걸 줄 수 없지만, 나는 내게 얼마든지 줄 수 있다. 기회에는 따로 한도도 없기 때문이다. 자주 가질수록 원하는 삶에 도달할 가능성도 커진다.

'내 인생은 왜 이 모양이냐!'

'나는 대체 언제까지 이렇게 고생해야 하나?'

가끔 우리는 이런 생각으로 고생하며 여기까지 온 힘든 자신을 절벽으로 몰아갈 때가 있다. 아무리 그렇게 하지 않으려고 노력해도 상황은 쉽게 달라지지 않는다. 그럴 땐 억지로 감정을 바꾸려고 노력하기보다는 생각의 프레임을 바꾸어 보는 것이 현명하다.

우리는 모두 자기 삶의 주인이며 대표이다. 그럼 이런 가정을 해보는 것이다. 자기 회사에서 직원들이 다 보는 앞에서 "우리 회사는 왜 이 모양이냐!", "나는 대체 언제까지 회사에서 이렇게 고생해야 하나?"라고 말하는 대표는 없다. 그렇게 생각하면 분노가 쉽게 가라앉고 평온을 찾을 수 있다. 우리는 모두 스스로 자기 삶의 주인이라고 생각하지만, 현실에서 월급만 받고 사라지는 직원처럼 생각하고 사는 경우가 많다. 그럴 땐 '나는 나라는 기업의 대표이다'라는 사실을 상기시켜 보자.

많은 사람들이 지금도 여기저기에서 자신의 의견과 계획을 누군가에게 말하고 있다. 그들의 말은 매우 유혹적이며 가치가 있는 것처럼 들린다.

그러나 나는 그들의 말을 들으며 그것의 가치를 정하지 않는다. 그들이 자신의 의견과 계획을 일상에서 얼마큼의 비중을 두고 실천하는지 그것을 면밀하게 살펴본 후에 그들의 생각과 계획의 가치를 정한다. 그들이 말한 생각과 계획의 가치는 그들의 말이 아닌, 그것을 실천하는 그들 삶에서 가장 훌륭하게 정해주고 있기 때문이다.

세상에 결코 작은 것은 없다. 모든 변화는 언제나 작고 사소한 것에서 시작해서 커지기 때문이다. 그러니 작은 것을 조심히 다뤄라. 그것이 당신을 멋지게 키울 수도, 일어서지 못하게 짓밟을 수도 있으니까.

5

좋은 감정이
머무는
공간을
확보하라

나는 24시간 내내 거의 비슷한 감정선을 유지한다. 쉽게 흔들리거나 빠르게 변하지 않게 만드는 감정 제어력이 나의 글쓰기 최대 무기이기도 하다. 그래서 어떤 사람들은 나와 함께 있을 때, 든든한 어떤 커다란 존재로부터 안전하게 보호를 받는 느낌이 든다고 말하기도 한다. 과도하게 감정을 소모하지 않고, 마치 음식에 조금씩 소금을 넣으며 간을 맞추는 것처럼 일상 곳곳을 누비며 적절하게 상황에 맞게 감정을 분배한다. 내가 차분하게 일상을 살며 관찰하고 몰입하며 무언가를 오랫동안 바라볼 수 있는 이유는 시간이 많아서가 아니라, 흔들리지 않는 감정이 그것을 내게 허락했기 때문이다.

강연장에서 강연이 끝나면 내 책에 사인을 받으려는 분들이 줄을 선다. 그런데 매번 책이 아닌 A4용지에 사인을 받으려고 하시는 분들이 꼭 있다. 그럴 때마다 주변에 서 있는 사람과 관계자들은 그가 들을 수 없는 작은 목소리로 "뭐야, 예의가 너무 없잖아. 작가님 책도 아니고 겨우 종이 한 장 들고와서 사인을 받네"라고 속삭인다. 하지만 나는 고요한 감정의 눈으로 그를 바라보며 이런 가치를 느낀다.

"얼마나 사인 받는 게 급하고 간절했으면, 저렇게 종이 한 장을 들고 줄을 서신 걸까?"

그렇게 나는 그들을 바라보며 이런 생각을 하게 되었다.

'책도 아닌 종이에 내 사인을 받는다는 것이, 책에 사인을 받는 것보다 더 감사할 일이 아닌가. 책은 돈을 주고 산 거라 보관하는 것이지만, 저 종이는 내가 사인했다는 이유로 저 사람에게 소중해지는 거니까. 살짝만 구겨져도 쓰레기로 버려질 종이 한 장을 소중하게 만들었으니, 오히려 내가 더 감사할 일이다.'

내가 착해서 혹은 좋은 마음을 가져서 그를 그렇게 생각할 수 있는 것이 아니다. 감정이 흔들리지 않아 생각할 여유를 즐길 수 있기 때문에 가장 따스한 마음을 발견할 수 있는 것이다.

우리가 느끼는 가치는 모두 다르다. 어디서도 전혀 가치를 느끼지 못하는 사람도 있고, 가만히 앉아서도 사방에 존재하는 모든 사물의 가치를 발견하는 사람도 있다. 사물과 사람의 가치는 결국 그걸 바라보는 자가 결정하는 '마음의 시가(市價)'라고 볼 수 있다.

자기감정을 안정적으로 유지할 수 없는 사람은 고요하게 대상을 바라보기 힘들어 가치를 부여하는 데 애를 먹는다. 그러나 시간을 두고 대상의 몸통을 조용히 관통하겠다는 시선으로 바라보면, 가치가 서서히 자신을 드러낸다. 시선을 사로잡은 그 자리에 멈춰서, 가만히 바라볼 감정의 여유를 가진 사람만이 대상의 가치를 측정할 수 있다.

그래서 감정이 머물 공간을 확보하는 게 중요하다. 모두가 부러워하는 회사에 다니다가 스스로 그만두고 갑자기 창업을 결심할 때, 아직은 시장성이 없는 일을 의욕적으로 시작하려고 할 때, 사람들은 일제히 그 사람을 말리며 "대체 왜 그런 일을 시작하려고 하냐?"라고 묻는다. 그럴 때마다 우리의 감정은 좋은 쪽에서 부정적인 방향으로 바뀐다.

'이게 정말 그렇게 힘든 일인가?'

'저 사람이 그렇게 말할 정도면 시작한 게 실수 아닐까?'

그러나 '모든 시작은 초라하다'는 사실을 기억할 필요가 있다. 누구든 그 틀을 벗어날 수는 없다. 그래서 감정을 보호하며 좋은 감정이 되도록 오래 머물 수 있게 하는 것이 중요하다. 좋은 감정이 결국 좋은 결과를 만들기 때문이다.

자기 분야에서 누구나 인정할 만한 성과를 낸 각 분야의 사람들을 만나며 내가 느낀 것이 바로 그것인데, 그들은 공통적으로 좋은 감정이 머무는 공간을 확보하기 위한 2가지 방법을 사용하고 있었다.

하나는 자신의 감정을 보호하기 위해 생각을 가다듬어 나쁜 상황을 막는 방패처럼 사용하는 것이다. 당신이 이 글을 시처럼 읽기를 바란다.

"다른 이들이 모두 말리는 성공 가능성이 낮은 일이라고 여기는 것을, 만약 내가 모든 노력을 쏟아 성취하면 어떤 일이 일어날까? 나를 비난하던 그들은 내가 만든 결과의 가치를 비로소 알게 되고, 나의 성과를 자신의 일에 어떻게든 이용하려고 할 것이다. 그런 날은 반드시 온다. 그들이 내게 보내는 나쁜 신호를 막으면 저절로 이루어진다. 결국 모든 것은 내가 하기 나름이다."

그리고 그들에게 나타나는 또 하나의 공통점은 바로 자신을 가만두지 않는 루틴에 있다. 성공한 사람들에게 산책이나 러닝의 루틴이 있는 이유가 새벽에 일어나는 부지런한 일상을 누리고, 건강한 몸을 만들기 위함 때문만은 아니다. 그들은 걷고 뛰며 좋은 감정이 머물 공간을 확보한다. 쓸데없는 생각과 감정을 모두 버리며 자신의 정신을 모두 한곳에 집중시키고, 자신을 망치는 나쁜 감정을 멀리 떨쳐버리는 것이다.

보통은 비가 내린 후 땅이 단단해지지만,
비가 너무 많이 내리면
지반이 무너지거나 산사태가 난다.
적당한 충격은 내면을 단단하게 만들지만,
큰 충격은 오히려 내면을 무너지게 만든다.

세상이 빠르게 변한다고
너무 서둘러 자신을 바꾸다가
아예 자신을 잃는 사람을 많이 봤다.
빠르게 움직이는 공간에서
자기 자신마저 빠르게 움직인다면
영혼은 정신을 잃고 쓰러질 수밖에 없다.
변화는 속도가 아닌 방향이 중요하다.

달리는 열차 안에서는
제아무리 빠르게 달려도

우리는 앞으로 더 나갈 수 없다.

그런 세상에서 우리가 주목해야 할 것은

바로 우리의 마음이다.

소란한 세상에서 벗어나

소리 없이 치열한 그대 마음속으로 차분히

마치 강물 속의 진흙이 가라앉듯 포근히 안겨보자.

6

가장 지키고
싶은 일을
루틴으로
만들어라

루틴에 대해 말하기에 앞서 루틴이 왜 중요하며 삶에 어떤 영향을 미치는지, 짧지만 강력한 표현으로 언급하고 싶다.

"천재가 아닌 이상 모든 창조적인 일은 몰입과 반복을 통해 이루어진다. 같은 일에 1시간을 몰입하는 사람과 1시간씩 100번 반복하는 사람 중에 누가 더 그 일을 해결할 가능성이 높을까?"

사람의 능력은 거의 비슷하다. 같은 일에 얼마나 자주 그리고 깊게 몰입할 수 있느냐가 성과를 좌우한다. 괴테는 이탈리아 기행

중에 로마의 한 오래된 역에서 그 분위기를 스케치로 남기기 위해 무려 50시간을 움직이지 않고 몰입해서 바라본 후에 비로소 스케치를 어느 정도 완성할 수 있었다. 만약 그가 50시간이 아닌 40시간 혹은 30시간만 몰입할 수 있는 사람이었다면, 우리는《이탈리아 기행》에 그가 쓴 로마의 한 작은 역의 풍경에 대한 이야기를 읽을 수 없었을 것이다.

그렇게 세상에는 반드시 일정 시간 이상 수차례 반복해야 비로소 얻을 수 있는 것이 있으며, 당신이 목표 지점 근처까지 도달했지만 아깝게 번번이 그걸 놓치는 이유도 바로 여기에 있을 가능성이 높다. 자, 이제 루틴의 중요성에 대해 깊이 인식했다면, 일상의 루틴이 삶에 어떤 영향을 미치는지 살펴보자.

세상의 기준으로 보면 매우 날씬한 편인데 "아, 나 요즘 너무 살이 쪄서 고민이네"라며 푸념하는 사람이 있다. 아니, 그들의 숫자는 매우 많다. 좀 이상하지 않은가? 살이 쪘다고 고민하는 사람들 중 절반 이상이 날씬한 이유는 뭘까? 그들은 오히려 자신의 날씬한 외모를 그런 방식으로 자랑하는 게 아닐까? 아니다. 그건 자랑이 아니라 정말 심각하게 고민하고 있는 문제일 가능성이 높다. 자기 몸에 대한 철저한 원칙과 그걸 지키기 위한 루틴을 갖고 있는 사람의 기준은 그렇지 않은 사람과 매우 다르다. 솜털처럼 섬세하고 부드러운 동시에 강철처럼 단단하다.

나는 열차에 탈 때, 90% 이상은 아무것도 먹을 것을 들지 않고 탄다. 그 흔한 커피나 생수조차도 없이 열차에 오른다. 무언가를 시작할 때 자신을 움직일 '명령어'가 달라야 행동의 변화를 촉구할 수 있다. '열차를 탄다'라는 말은 내게 '오랫동안 앉아 책을 읽고 사색하며 글을 쓴다'라는 공식과 연결되어 있다. 바쁜 일상에서 강연을 하고 동시에 매년 2권 이상의 책을 내 50권에 가까운 책을 낸 작가가 될 수 있었던 힘이 바로 이 작고 사소한 루틴에 있다.

하지만 '열차를 탄다'라는 말이 '풍경을 바라보며 식사를 하고 잔다'라는 말과 연결되어 있는 사람도 있다. 실제로 종착지에 도착했는데 깨어나지 못하고 잠든 사람을 많이 보았다. 그들은 아직 자기 삶을 이끌 원칙과 루틴을 마련하지 못한 사람일 가능성이 높다. 모두가 같은 공간에서 비슷한 일을 하고 있는 것 같지만 자세하게 살펴보면 서로 루틴이 다르며, 그 루틴이 그들의 삶의 목표를 말해주고 있다는 사실을 알 수 있다.

나는 지금 무엇이 더 좋은 선택이라는 말을 하려는 것이 아니다. 인생은 자신이 좋아하는 것을 선택하고 거기에서 만족을 느끼는 일을 선택하는 것이기 때문이다. 좋은 풍경을 바라보며 식사를 즐기고, 기분 좋게 잠들었다면 그것도 의미 있는 삶이다. 그래서 나는 더욱 내게 중요한 사색과 독서, 그리고 규칙적인 삶과 글쓰기를 잊지 않기 위해 일상 곳곳에 입력해 두고 철저하게 지키며 살고 있다. 루틴은 곧 입력이다. 철저하게 의식하며 힘들게 노력하지 않아도 조금은 수월하게 지킬 수 있게 일종의 의식처럼 생각하고 실천할 수 있다.

그래서 하루 중 2~3회 정도는 주변에 보는 사람이 없을 때는 잠시 셔츠를 살짝 올려 배를 보거나 지방이 어느 정도 있는지 옆구리를 잡아 보기도 한다. 눈과 손으로 확인하지 않고 살면, 사람은 곧 몸이 편안한 대로 살게 되어 균형을 잃게 되기 때문이다. 언제나 섬세하게 나를 바라보기 때문에, 나는 0.5kg만 살이 쪄도 쉽게 알아차릴 수 있다. 그래서 허벅지에 붙은 살이 미세하게 늘어나는 것을 쉽게 느낄 수 있다. 다이어트를 해본 사람은 알겠지만, 1년 동안 어렵게 관리한 몸도 1주일이면 쉽게 망가진다. 언제나 자신이 정한 삶의 목표가 일상에서 쉽게 이루어질 수 있게 루틴을 정하고 그걸 확인하는 과정이 필요하다.

가장 소중해서 지키고 싶은 것이 있다면 루틴으로 만들어 섬세하게 관리하자. 루틴은 인간이 자신을 사랑할 수 있는 가장 합리적인 방법이다. 헛된 욕망이 나를 지배하지 않게, 자극적인 유혹에 넘어가지 않게, 나를 지켜줄 루틴으로 원하는 삶을 자신 있게 창조하자. 깊은 몰입으로 수차례 반복해서 이루어지지 않는 일은 없다.

당신에게 사랑하는 꿈과 목표가 있다면, 그것을 잘게 쪼개 몇 개의 루틴으로 만들어 보라. 일상이라는 위대한 기적이 이루어지게 도울 것이다.

7

숙련자의
진짜
의미

처음 책을 내던 시기에 판매량이 매우 좋지 않아서, 당시 나는 내 이름으로 된 책을 내는 것보다 차라리 대필을 하는 것이 더 많은 돈을 확실하게 벌 수 있는 기회로 느껴졌다. 그래서 가끔 내가 존경할 수 있는 인물이나, 배우고 싶은 이야기가 있다고 생각하는 대상이라면 대필을 하곤 했다. 치열하게 사색하고 창조한 문장을 다른 이의 책을 위해 사용할 수밖에 없었으니까. 그러나 나는 그 시절을 참고 견디며 '타인의 글을 쓰지만 나를 단련하는 중'이라고 생각하며 그 시간의 노력을 버리지 않고 내 안에

차곡차곡 쌓았다.

변화는 서서히 그러나 분명히 찾아왔다. 내 책이 팔리기 시작한 것이다. 그래서 10여 년 전부터는 대필을 아예 하지 않는다. 아주 가끔 의뢰가 와도 성사되지 않는다. 내가 원하는 금액이 출판사 입장에서는 터무니없이 높기 때문이다. 그러나 반대로 내 입장에서는 그 정도의 금액을 받지 못하면 굳이 남의 글을 대신 써줄 필요가 없다. 내가 내 이름으로 책을 내서 얻는 금액보다 적은 금액을 받고 남의 일을 할 필요는 전혀 없으니까. 그렇게 나는 아주 조금씩이나마 나를 바꾼 것이다.

인생은 공평하며 동시에 냉정하다. 초창기 작가 시절에 내가 대필을 했던 것은 그 당시 내 상황이 애매했기 때문이다. 대필 작가도 수준에 따라 다양하게 나뉜다. 그들을 나누는 기준은 아주 간단하다. 초보자는 '사실을 기자처럼 나열하는 사람', 경력자는 '사실과 사실을 하나로 연결할 줄 아는 사람', 숙련자는 '사실과 사실 사이에 있는 보이지 않는 흔적을 발견할 줄 아는 사람'이다.

그런데 대필할 작가를 구하는 사람 입장에서는 언제나, 경력자 수준의 돈을 주며 숙련자를 구하려 한다. 적은 가격으로 큰 효과를 보려는 마음에서 언제나 괴리가 발생한다. 대필을 맡기는 입장에서는 수준에 따라 글이 전혀 다르기 때문에 숙련자를 찾지만, 숙련자 입장에서는 그 수준의 돈을 받고 대필할 필요가 없어 거래는 대부분 성사가 되지 않는다. 그들은 자기 이름으로 책을 내서 충분한 이익을 낼 수 있는 사람이기 때문이다.

100원을 내고 101원의 만족을 얻을 수 있는 곳은 가끔 있을 수 있지만, 그런 곳에는 어김없이 긴 줄이 늘어서 있다. 그런 곳을 찾아 차례를 기다리며 시간을 보내는 것보다는, 그 시간에 차라리 100원을 더 벌어서 200원을 내고 200원의 만족을 주는 곳에 찾아가는 것이 자신의 미래를 위해 생산적인 선택이다.

자신을 지금보다 더 나은 수준으로 만들기 위해서는, 억지로라도 현재가 주는 달콤한 유혹을 거부해야 한다. 내가 작가 초창기 시절에 대필을 해서 버는 그 사소한 이익에 눈이 멀었다면, 지금도 여전히 초창기 작가 시절을 보내고 있을 것이다. 아니, 죽을 때까지 그저 그런 수준의 작가로 살며 이름을 알리지 못했을 것이다.

한 사람이 어떤 일을 해서 세상에 보여주는 결과는 시간의 길이가 아닌, 궤도를 이탈한 빈도가 결정한다. 끊임없이 자신의 수준에서 벗어나려는 시도를 반복해야 조금이라도 앞으로 나갈 수 있다.

숙련자는 단순히 그 일을 오래한 사람이 아니라, 매일 자신에게서 벗어난 사람에게만 주어지는 호칭이다.

세상의 온갖 달콤한 것들은
우리를 앞으로 나가지 못하게 막는다.
만족이라는 침대에 납작하게 누워서
영영 환각의 꿈을 꾸게 한다.
그러나 우리가 추구해야 할 현실은
언제나 침대 바깥에 있다.

인생을 살면 누구나 이럴 수도 저럴 수도 없는
막연한 순간을 맞이하게 된다.
그럴 때 과감하게 현실을 박차고 일어선다면,
곧 애매한 그 상황이 나아지는
삶의 기적을 경험하게 될 것이다.

다만 자신의 선택을 믿고, 현실을 부정하지 말자.
사람은 미래를 가리지만
미래는 사람을 가리지 않는다.

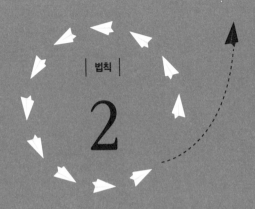

관계의 틀을 바꿔라

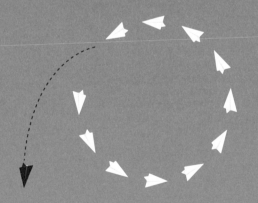

1

타인에게
의지하는
노예의 삶에서
벗어나라

보통 변화는 고통을 수반한다고 말한다. 그러나 나는 오히려 반대로 변화는 기쁨과 행복으로 가는 여정이라고 생각한다. 지금부터 들려주는 글을 읽어보면 왜 그렇게 생각하는지 쉽게 이해할 수 있을 것이다.

보통 기업 강사들은 자신이 불러주는 기업의 교육 담당자에게 잘 보이려고 애를 쓴다. 심하게 티 내지 않으면서 최대한 고개를 숙이고, 만면에 미소를 지으면서 대화를 나눈다. 이런 상황은 어디에서나 일어나는 흔한 일이다. 자신에게 일을 주는 사람, 월급을 주는 사람, 돈을 벌 수 있는 아이디어와 기술을 주는 사람에게 우리는 평소보다 훨씬 자주 웃고, 많이 고개를 숙이고, 수시로 안부를 묻고 때가 되면 선물을 주기도 한다.

그런데 만약, 그런 일상에서 벗어나면 어떤 일이 생길까? 괜히 의식해서 웃지 않고, 인사도 남들에게 하는 만큼만 하고, 안부를 묻는 횟수를 줄이면 과연 삶은 어떤 방향으로 흐를까? 예상대로 일이 줄어들어서 하루하루 어렵게 살게 될까? 정말 지옥이 시작되는 걸까? 하지만 그걸 이미 예전에 실천한 수많은 선배들은 입을 모아 "그렇지 않다"라고 외친다.

교육생이 아닌 교육 담당자의 만족을 위해 강의를 준비한다면, 일을 더 따내기 위해서 콘텐츠에 집중할 시간을 아껴 친분을 쌓는 데 모두 투자한다면, 오직 돈을 주는 사람 마음에 들기 위해 일한다면, 그 사람의 내일은 과연 어떤 모습일까? 그는 최소한 자신이 원하는 삶을 추구하며 살지 못할 것이며, 자신에게 돈을 주는 사람을 위해 살아가는 거미줄과 같은 굴레에서 쉽게 벗어나기 힘들 가능성이 높다.

"중심을 어디에 둘 것인가?"

중요한 건 이 질문에 제대로 답하는 것이다. '지금 당장' 내게 무언가를 주는 사람을 일의 중심에 두면 '지금 당장'은 편안할 수 있지만, 내일 혹은 머지않은 미래에 짐작할 수 없는 그의 선택에 휘

둘러 살게 될 가능성이 매우 높다. 일의 중심에 제대로 자리를 잡고 서 있어야, 그 일의 시작과 과정을 자신이 가질 수 있다.

그러니 줄지 안 줄지도 모를 막연한 희망에 인생을 걸지 말고, '내 인생은 내가 구원한다'라는 생각으로 자신의 일을 하라. 그 선택이 당신을 잠시 힘들게 할 수도 있다. 하지만 그 시간은 그리 길지 않다. 곧 타인에게 희망을 걸고 살았던 시절에는 짐작도 하지 못했던, 자신만의 선명한 미래를 맞이하게 될 것이다.

뭔가를 스스로 주도하는 일을 할 때도 마찬가지다. 사업이나 프로젝트 같은 큰일, 혹은 집 창문을 새롭게 바꾸는 사소한 일이라도 그걸 함께 진행할 사람을 만나 잠시만 이야기를 나눴음에도, 자꾸만 떠오르는 불길한 예감을 떨칠 수 없을 때가 있다.

"이거 뭔가 이상하게 돌아가는 것 같은데."

"느낌이 안 좋은데, 다른 사람을 알아봐야 하나?"

그럴 때면 보통은 귀찮아서 '에이, 뭐 괜찮겠지?' 하며 대충 일을 진행하게 된다.

하지만 보통 그렇게 시작부터 뭔가 불길한 예감이 들었던 일은, 나아지기보다는 현실로 모습을 드러낼 때가 많다. 함께 일할 사람을 만났는데 뭔가 불길한 예감이 들었다면, 반드시 다음 2가지 질문을 통해 그 이유가 뭔지 발견해서 해결을 하든 다른 사람을 찾든 선택해야 한다.

"왜 이 사람은 나를 불안하게 하는가?"

이런 식으로 첫 질문은 불안의 근원에서 시작하는 게 좋다. 그래야 불안의 시작이 어디쯤에 있는지 알 수 있기 때문이다. 좋은 게 좋은 거라며 쉽게 넘기지 말고, 반드시 불안의 이유를 찾아내서 근원을 발견해야 어렵게 시작한 변화를 기쁘게 주도할 수 있다는 것을 기억하자.

"그가 원하는 것은 무엇인가?"

두 번째 질문은 상대가 추구하는 삶이 무엇인지 가늠하기 위해 필요하다. 사람은 결국 무언가를 원하기 때문에 일을 하고 사람을 만난다. 상대를 만나 이질감을 느꼈다면 각자 추구하는 삶의 방향이 다르기 때문일 수 있다. 그가 철저히 일에서 성취감을 느끼는지 혹은 돈을 벌기 위해 억지로 어떻게든 해내는 사람인지 구분하는 것은 매우 중요하다. 전자는 나를 도와 일을 창의적으로 해낼 사람이지만, 후자는 창의성을 기대하기 힘든 그러나 마감이 다가올 때 함께 일하면 좋은 사람이기 때문이다.

세상에 나쁜 원칙이나 목표는 없다. 우리는 단지 일에 맞는 사람을 만나면 된다. 그런 사람을 고를 안목을 갖추기 위해 필요한 것은 철저히 개인이 되어 자신과 세상을 바라보는 일이다.

보기만 해도 마음이 환해지는 아름다운 꽃은 누구를 위해 존재하는 걸까? 이미 답은 앞에 나왔다. '보기만 해도'라는 말은 꽃의 아름다움은 자신을 위해 존재하는 것이 아니라는 사실을 증명한다. 꽃의 아름다움과 향기는 그걸 보고 지나가는 사람들을 위한 것이다. 정작 자신은 자신의 아름다움과 향기를 느끼지 못한다.

나는 당신에게 꽃이 되라는 말은 하고 싶지 않다. 그것은 마치 혼자서는 존재할 수 없는, 바라보는 이가 있어야 떼를 짓고 살 수 있는 외로운 존재로 느껴지기 때문이다. 철저히 개인이 되어서 생각하고 행동하라. 그래야 주변 사람을 당신이 선택한 변화에 맞게 재구성할 수 있다.

강한 사람은 혼자만의 시간을 즐기지만, 약한 사람은 혼자 살수 없어서 떼를 지어서 산다. 외로움은 무리 속에서의 슬픔을 말하는 것이지만, 고독은 혼자서 즐기는 기쁨을 말한다. 그래서 '외로운 사람들끼리'라는 말은 있지만 '고독한 사람들끼리'라는 말은 없다. 고독한 사람은 언제나 복수가 아닌 단수이며, 떼를 짓지 않고 자신만 바라보며 간다.

그래서 변화와 조화를 이루려면 그 중심에 선 자신이 먼저 홀로 당당하게 설 수 있어야 한다. 혼자서 강한 사람이 누군가의 손을 잡고 일으켜 세울 수 있는 거니까.

2

누구에게도
실망하지
마라

먼저 곰곰이 생각해보자. 어떤 사람에게도 실망하지 않는다는 말은 무엇을 의미하는 걸까? 마음이 넓어서 뭐든 이해하고 믿는다는 걸까? 그렇지 않다. 그것과는 전혀 다른 의미의 말이다. 나는 아무도 몰랐던 어떤 사실이 알려지면서 남에게 실망하는 경우가 거의 없다. 온라인에서만 친분을 쌓았지, 실제로 만나본 적이 없는 사람도 마찬가지다. 이유는 간단하다.

"원래 그런 줄 알고 있었으니까."

늘 사람에 대한 어떤 그림을 그리고 있기 때문에 어떤 일이 생겨도 그를 이해한다. 그의 전체적인 삶을 봤을 때 그럴 수 있을 만한 일이라고 생각해서다. 사람의 속을 들여다볼 방법과 길은 매우 다양하다. 만약 그가 작가라면 그가 낸 첫 책을 보면 그가 무엇을 추구하고 무엇을 자랑스럽게 생각하는지 알 수 있다. 이런 방식으로 나는 사람을 이해할 수많은 방법과 길을 갖고 있다.

자신을 완전히 바꾸기로 결심했다면 그에 맞는 사람으로 주변을 확 바꿔야 한다. 당연히 사람을 제대로 보는 안목이 필요하다. 그러므로 타인에 대한 실망이 자꾸만 반복적으로 이루어진다면, 이제는 타인이 아닌 자신을 돌아볼 필요가 있다. 사람을 제대로 볼 줄 모른다는 증거이기도 하기 때문이다.

그가 어울리는 사람과 그를 추종하는 사람, 그가 자주 읽는 책과 자주 사용하는 언어를 잠시만 살펴도 그가 실제로 말하지 않는 내면의 모습을 선명하게 바라볼 수 있다. 이때 중요한 것은, 사람을 잘 믿어서 실망하는 것과 사람을 잘 몰라서 실망하는 것은 반드시 구분해야 한다는 사실이다. 전자는 자신이 믿는 사람의 성장을 도모할 수 있지만, 후자는 서로에게 도움이 될 게 없기 때문이다.

"저 사람은 잘 몰라서 그러나? 왜 자신이 틀렸다는 것을 모를까?"

세상을 살다보면 이런 소리가 절로 나오게 만드는 사람을 자주 만나게 된다. 그러나 사람들은 바보가 아니다. 누가 봐도 명확하게 틀린 말과 행동을 하지만 그가 그것을 당당하게 말하고 주장하는 이유는, 그걸 모르기 때문이 아니라 그 오류 덕분에 먹고살고 있고, 그렇다고 정당한 말과 행동을 하는 다른 편에 속하려면 수많은 것을 바꿔야 하는데 그게 매우 성가신 일이기 때문이다. 그래서 당장 자신에게 밥과 자리를 주는 오류의 공간에 살며 목숨을 부지하고 있는 것이다.

그래서 그들은 변하지 않는 진리나 이론적 근거에는 관심이 없다. 단지 자신의 현재 견해에 맞는 지식과 정보만 여기저기에서 찾아, 편집을 하듯 오리고 덕지덕지 붙여 그럴듯하게 만드는 데 온 신경이 집중되어 있다.

그가 만약에 기업의 대표이고 직원들과 뭔가 협상을 하고 있다면, 일이 너무 힘들어 살이 많이 빠졌다는 직원의 하소연에는 "회사가 다이어트도 공짜로 시켜주니 얼마나 좋아"라고 응수할 것이고, 반대로 "스트레스를 받아 살이 많이 쪘다"라고 말하면 "일이 얼마나 편하면 살이 찌겠어?"라고 응수할 것이다.

직장 혹은 정치, 학교 등 세상에 존재하는 거의 모든 공간과 관계에서 이런 식의 대화가 이루어지고 있으며, 이것들은 대개 생계와 연결되어 있다는 공통점이 있다. 더는 사람에게 실망하고 싶지 않다면 반드시 이 사실을 기억하고 있어야 한다.

내게는 사람을 구분하는 독특한 방법이 하나 있다. 화장이나 보정 그리고 다이어트, 물질과 지위 등의 외적 요소를 빼고 온전한 그를 볼 수 있는 힘이 바로 거기에서 시작하는데, 그건 바로 눈이다. 세상에는 참 많은 눈이 있다. 외모는 화려하지만 죽어 있는 눈이 있고, 생기가 전혀 느껴지지 않는 눈과 희망을 잃은 눈도 있다. 외모는 다이어트 혹은 수술과 화장으로 쉽게 바꿀 수 있어 그 사람을 판단할 때 어려움을 주지만, 눈은 그 사람이 지금까지 어렵게 쌓은 지성을 보여주기 때문에 어떤 방법으로도 바꿀 수 없어서 판단에 대한 실패 가능성을 낮출 수 있다.

나는 눈의 크기와 색을 말하려는 것이 아니다. 작고 흔히 볼 수 있는 색을 가진 눈이라도 그 사람 내면에 쌓은 지성에 따라 깊이가 다르다. 어떤 고난이 갑자기 찾아와도 흔들리지 않고 자신의 길을 선택할 수 있는 사람, 세상의 오해와 불신 앞에서도 당당히 자기 철학을 주장하며 전진할 수 있는 사람, 그들은 눈을 통해 자기 지성의 깊이와 넓이를 증명한다. 눈을 오랫동안 바라보며 대화를 나눠보라. 언어로 소통한다고 생각하지 말고, 눈빛으로 대화를 나눈다고 생각하면 더욱 상대의 눈에 집중할 수 있다.

사람을 보는 안목에 깊이를 더하고 싶다면, 어느 곳에도 속하지 않는 자유로운 시선이 필요하다. 세상에는 어디에도 속하지 않는 인생을 살아야 비로소 보이는 것들이 있고, 그것들은 대개 인생에서 매우 소중한 것들이다. 하나의 무리에 속한다는 것은 무리를 보호하는 벽과 담 그 너머의 세상을 볼 수 없다는 것을 의미한다.

예를 들면, 추운 겨울날 한 무리의 사람들이 추위를 호소하며 도와달라고 요청하면, 나는 그들이 어떤 성향을 지닌 사람인지 전혀 고려하지 않고 전기장판이나 외투를 전해주며 당장 추위에서 벗어나게 할 것이다. 그러면 단순히 측은한 마음으로 베푼 호의에 그들은 환호를 하며 "너는 우리 편이구나!"라는 선을 긋고 나를 그들의 울타리 안에 가두려고 할 것이다. 반대로 다른 편에서는 "너, 그렇게 안 봤는데 실망이야"라는 말로 나의 생각을 재단하며 의심할 것이다.

나는 양쪽 어디에도 속하지 않는 사람이기 때문에 결국 양쪽 모두에게서 의심을 받고 살게 된다. 하지만 그걸 뒤집어 생각하면, 양쪽 모두에게서 무언가를 발견하고 배울 수 있다는 말이 된다. 모두를 이해하는 안목을 갖게 되는 셈이다.

"당신이 만나는 사람이 당신의 수준을 증명한다."

위대한 사람 곁에 있으라는 말이 아니라 편을 들지 말고 양쪽 모두를 취하라는 뜻이다. 실제로 한 분야의 대가로 불리며 새로운 시도와 변화를 주도하던 사람들은 어디에도 속하지 않고 양쪽 모두를 차분하게 관찰하며 깨달음을 얻었다. 오래 관찰하고, 양면성을 인정하면서 나름의 기준을 갖고 사람을 보라. 세상을 바라보는 안목이 더욱 깊어질 것이다.

3

사람을
제대로
바라보는
4개의 눈

"저 사람은 자고 일어났더니, 갑자기 스타가 되었네!"

이런 말로 누군가의 인기와 명예를 낮춰서 평가하는 사람이 있다. 만약 당신이 자주 사용하는 표현이라면 주의할 필요가 있다. 바로 이 부분 때문이다.

"지금 자고 일어난 사람은 대체 누군가?"

바로 그가 아닌 당신이다. 자고 일어난 사람에게는 누군가의 성공과 성과를 재단할 권리가 없다. 당신이 자는 동안 그가 자신의 성장을 위해 무엇을 얼마나 했는지 알지 못하기 때문이다. 우리는 스스로 알고 있는 부분에 대해서만 말해야 한다. 더 말하고 싶으면 더 알려는 노력이 필요하다.

우리가 열심히 무언가를 시도하지만 좀처럼 원하는 결과를 얻지 못하는 이유 중 하나는, 무언가를 성취하기 위해 분투한 사람을 발견할 수 있는 안목이 없기 때문이다. 대가를 알아볼 수 있어야 그에게서 무언가를 얻을 수 있는데, 그 사람 이면에 가려진 경쟁력을 발견하지 못하니 늘 값진 것을 놓치고 누구나 알 수 있는 그저 그런 것만 손에 쥐게 된다. 검색어 순위에 자주 나오는 그들의 가십 관련 이슈가 바로 대표적인 것들이다.

나는 앞에서 사람을 판단할 때 눈을 오랫동안 바라본다고 말했다. 이번에는 조금 더 실제적인 이야기를 전하고 싶다. 다른 곳에서는 알려주지 않는 소중한 것을 내게 줄 사람을 알아보고 싶다면, 다음 4개의 눈을 일상에서 실천하며 안목을 길러야 한다.

1 | 실천하며 사는 눈

세상에서 가장 하기 쉬운 것은 말이고 가장 힘든 것은 행동으로 옮기는 것이다. 말로만 그렇게 공언하지 말고, 진실로 그렇게 살겠다고 다짐하라. 선한영향력을 주는 사람이 되고 싶다고 말하지 말고, 진실로 선한영향력을 지닌 사람이 되라. 자신이 내뱉는 말 그것 자체가 되라. 진실로 내면에 그것을 갖고 있다면 말로 증명할 필요가 없다.

"당신의 삶이 말하게 하고, 입은 쉬게 하라."

2 | 뛰어난 사람의 눈

뛰어난 한 사람이 평범한 다수의 사람들보다 위대하다. 여기에서 말하는 뛰어난 사람이란 자기 삶에 당당한 사람을 말하며, 평범한 사람은 자기 자신에게 매일 속는 삶을 사는 사람을 말한다. 자신이 말한 삶을 그대로 사는 사람은 그 자체로 이미 뛰어나다. 자신을 속이는 삶을 살지 마라. 그건 자신을 평범하게 만드는 지름길이다.

"특별한 삶은 자신에게 당당해지면 일어나는 기적이다."

3 | 존경과 사랑의 눈

오랫동안 곁에 두고 배우고 싶은 사람은 마음속으로 존경하고, 가까이 다가가 알고 싶은 사람은 거침없이 사랑하라. 존경심과 사랑, 이것을 제대로 구분하지 못하면 배움과 성장을 제대로 추구할 수 없다. 존경심은 우리에게 배울 점을 발견하게 하지만, 사랑은 커지는 소유욕을 통해 그의 장점과 동시에 단점까지 발견하도록 만들기 때문이다. 존경해야 할 대상을 사랑하거나, 사랑해야 할 대상을 존경하면, 우리는 그들에게서 얻을 수 있는 것을 하나도 얻지 못하게 된다.

"존경과 사랑을 구분해야 제대로 배울 수 있다."

4 | 공감의 눈

어떤 한 가지 분명한 사항에 대해서 세상 사람들 중 절반은 반대를 위한 반대를 하게 된다. 이것은 지금 갑자기 나타난 현상이 아니다. 인류가 탄생한 후 2명 이상의 인간이 함께 살아가며 동시에 시작된 현상이니 그 모습을 비난하기보다는 이해하려고 노력하는 게 현명하다.

실상을 들여다보면 그들은 반대편을 공격하는 것처럼 보이지만, 사실은 같은 편끼리 서로 응원하며 각자의 외로움을 달래고 있는 것이다. 그들에게 필요한 것은 하나의 의견에 무엇도 따지거나 바라지 않고 공감해줄 사람들의 존재다. 외로워서 무언가를 극렬히 반대하며 같은 마음을 가진 사람을 찾아 나서는 것이다. 선명해져야 만날 수 있으니까.

"외로운 마음이 편을 나누게 만든다."

실천하며 사는 눈, 뛰어난 사람의 눈, 존경과 사랑의 눈, 그리고 마지막 공감의 눈으로 일상을 살아보라. 모르던 사람을 이해하게 되고, 세상에 멋진 사람이 가득하다는 사실을 깨닫게 될 것이다.
변화에 앞서 사람이 중요한 이유는 우리는 끝없이 혼자 사는 것 같
지만, 함께 나눈 그 시간을 공유하기 때문이다. 같은 장소와 시간
을 공유한다는 것은 참 소중한 일이다. 그 멋진 공간 속에 당신이
있다는 것을 잊지 마라.

4

자기 철학을 **갖고** 살아가는 **사람들의** 7가지 원칙

내가 아는 두 명의 기업 대표가 있다. 이들의 경영 방식은 서로 매우 다른데, 불경기에 대처하는 방식도 마찬가지로 극명하게 갈린다. 한 대표는 불경기에 인원을 줄이거나 유지한다. 이유는 간단하다.

"불경기니까."

그러나 반대로 한 대표는 불경기에 오히려 인원을 가장 많이 뽑는다. 역시 이유는 간단하다.

"불경기니까."

불경기에는 더 좋은 직원을 보다 합리적인 가격(?)에 뽑을 수 있기 때문에 그는 불경기에 오히려 사세를 확장한다. 두 사람의 경영 방식은 모두 다르지만 이유는 같다.

"불경기니까!"

그럼 당연히 결과가 궁금해진다. 어떤 기업이 더 잘나갈까? 답은 의외다.

"두 기업 모두 승승장구하고 있다."

같은 상황이라도 바라보는 시각에 따라 의견이 다를 수 있다. 문제는 다른 의견과 철학이 아니라 '아무런 의견과 철학이 없는 상태'이다. 두 기업은 서로 다른 시각을 갖고 기업을 운영했지만 분명한 철학을 갖고 있어서 승승장구할 수 있는 것이다.

당신이 어떤 해괴한 선택을 하든 그 이유를 알아들을 수 있게 설명할 수 있다면 아무런 문제가 없다. 그건 바로 스스로 생각하며 움직이고 있다는 증거이기 때문이다. 과거와 현재를 수없이 오가면서 연구해 내가 얻은 바에 의하면, 어떤 상황에서도 자기 철학을 갖고 움직이는 사람들에게는 공통적으로 나타나는 몇 가지 삶의 태도가 있다.

1 | 자기 삶의 귀족으로 산다.

보통 우리는 타인에게 명령하는 삶을 추구하며, 그것이 성공한 삶이라 생각하지만, 자기 삶의 귀족들은 결코 타인에게 명령하지 않는다. 그들은 스스로 자신의 가능성과 지성을 움직여 활용할 줄 아는 자다. 오히려 타인에게 명령만 하며 자신에게 어떤 명령도 하지 못한다면, 그는 자기 삶의 하인이라고 볼 수 있다.

자기 삶의 귀족은 자신을 가장 잘 부릴 줄 아는 자다. 자신의 쓸모가 어디에 있고, 어떤 방법으로 그 가치를 확산할 수 있는지 잘 알고 실천으로 옮기는 자가 바로 자기 삶의 귀족이다. 움직여라, 스스로 자신을 움직여 얻은 지식과 경험만이 진정 나의 것이라고 말할 수 있다.

2 | 스스럼없이 행동하고 말하지 않는다.

간혹 스스럼없는 것이 사람을 쉽게 대하는 것이라고 생각하는 사람이 있다. 하지만 자기 철학을 갖고 움직이는 사람에게는 분명한 기준이 있다. 상대에 대한 깊은 존경심이 없는 웃음은 비웃음이며, 그런 자의 모든 접촉에서는 경박함만 느껴질 뿐이다.

쉽게 말을 편하게 하는 것도 마찬가지다. 그것으로 인해 서로를 가깝게 느낄 수 있을 거라는 생각은 착각이다. 자신에 대한 신뢰와 상대를 향한 존경심을 가지고 있을 때, 비로소 그가 던지는 말과 행동에 자연스러운 친밀함이 전해진다.

3 | 적을 미워하거나 비난하지 않는다.

"경쟁하는 상대와 적을 미워하는 이유는 뭘까?"

물론 상대가 밉게 행동하고 말했을 수도 있다. 하지만 그것마저도 그 현상을 설명하기에 충분하지는 않다. 하나 더 묻는다.

"우리는 왜 적에게 장점을 배우지 못하고 단점만 지적하게 될까?"

미워하는 이유와 단점만 지적하는 이유는 같다. 타인의 마음에 감정이입하는 능력이 떨어지기 때문이다. 우리가 만약 적의 입장에서 생각할 수 있다면 미워할 이유가 모두 사라질 것이다. 그리고 그럴 수밖에 없는 각종 이유와 그들의 장점이 보이기 시작할 것이다. 적을 미워해서 우리가 얻을 수 있는 것은 나의 내면을 망가뜨리는 분노뿐이다. 흔들리지 않고 자기 철학을 추구하는 사람들은 그래서 타인에게 감정이입을 잘하며, 그들의 좋은 부분을 발견해서 자신의 것으로 만드는 데 능숙한 자들이다.

4 | 이상적인 조언이나 말에 휘둘리지 않는다.

세계 곳곳에서는 언제나 나름의 이유로 개혁이 이루어지고 있다. 그것들은 대개 매우 이상적인 것들이라 다양한 곳에서 호응을 얻고 있다. 그렇지만 그 시도가 보통 실패로 이어지는 이유는 간단하다. 그 내용이 그것을 실천하고 받아들여야 할 구성원들의 삶에 깊이 뿌리내린 것이 아니기 때문이다. 아무리 이상적인 내용이라도 그것이 구성원들의 삶에 뿌리를 내릴 수 없다면 어떤 변화도 이끌어낼 수 없다. 대개의 이상적인 정책과 철학이 구호로만 끝나는 이유가 여기에 있다.

5 | 질투는 자신의 낮은 수준을 증명한다.

주변을 보면 늘 무언가를 시도하며 사는 사람이 있고, 바로 그 옆에 그들의 시도를 뚫어지게 바라보며 건수가 생길 때마다 질투하는 사람이 있다. 그들에게 매우 미안한 말이지만, 그들이 질투하는 이유는 매우 간단하다. 재능에 시비를 걸 수 없기 때문에 그들의 인격과 사생활을 침해하며 무언가를 발견하면 건수를 잡아 다양한 형태로 질투하는 것이다. 비난과 조롱 역시 질투에서 시작한 감정이라고 볼 수 있다. 역사는 언제나 우리에게 이런 조언을 한다.

"스스로 평범하다고 생각하는 사람은 자신이 뛰어난 사람이 될 수 없기에 뛰어난 사람을 감시하며 살아간다."

모든 것은 자신의 생각이 결정한다. 스스로 특별하다고 생각하며 질투하는 삶에서 벗어나면 세상을 새롭게 볼 수 있다.

6 | 오래된 것과 건강한 것에 주목한다.

시기를 타는 모든 상품과 서비스는 일시적이다. 일시적인 것에는 일시적인 욕망과 가치 그리고 짧은 생명력이 녹아 있다. 그러나 오래된 것에는 오직 상품이나 서비스의 내용과 질이 좋아 여전히 살아 숨 쉬고 있는 것들이 많다.

물론 오래된 것이 다 좋은 것은 아니다. 중요한 것은 그것이 건전하며 진실하다는 것이다. 분야를 막론하고 어떤 상품과 서비스가 사라지지 않는 고전이 되기 위해서는 콘텐츠 자체가 유혹과 쾌락 등에서 벗어난 건강한 가치를 추구해야 한다. 그 가치를 제대로 알아야 그것을 창조하는 사람들의 철학을 자신의 것으로 만들 수 있다. 꼭 기억하자. 온갖 유혹과 쾌락은 콘텐츠에 바이러스를 전파하는 일시적인 만족을 위한 것들이다.

7 | 시 속에서 살아간다.

자기 철학을 갖고 살아가는 사람들은 타인이 볼 때, 본업과 상관없는 수많은 일에 도전한다. 중요한 것은 그가 단기간에 위대한 성과를 거뒀다는 사실이다. 반대로 말해서 그는 마치 정답으로 향하는 지도를 외우고 있다는 듯 중간에 어떤 돌부리에도 걸리지 않고 빠르게 질주한다. 그 이유는, 그가 시를 사랑하는 사람이기 때문이다.

"시인은 자신의 시 속에서 돌부리가 어디에 있는지 알려준다."

괴테의 말이다. 자연에는 모든 삶의 현상이 담겨져 있고, 시인은 "나는 그것을 알고 있다"라고 말할 수 있을 때까지 자연을 관찰하는 사람이다. 힘들 때마다 시 속으로 들어가라. 언제나 시가 답을 준다.

자기 철학의 대표라고 말할 수 있는 발레리나 강수진이 은퇴하기 전, 그녀가 독일 슈투트가르트 발레단에서 파트너와 연습하는 장면을 오랫동안 지켜본 적이 있다. 당시 언론과 주변 사람들은 그녀를 만날 때마다 "언제 은퇴할 생각입니까?"라고 물었다. 그러나 그녀가 발레단에서 연습하는 모습을 지켜봤다면, 은퇴 이야기를 꺼내지 못했을 것이다. 그녀는 46살 당시에도 파트너인 20대 초반 발레리노의 열정과 기술을 능가하고 있었으니까.

내게도 비슷한 질문을 하는 사람이 많다.

"제가 책을 읽는 속도보다, 작가님이 책을 내는 속도가 더 빠른 것 같아요."

그러나 매일 빠짐없이 원고지 50매 이상 분량의 글을 쓰는 내 일상을 곁에서 지켜봤다면, 그렇게 완성한 원고의 90퍼센트는 버리고 더 빛나는 10퍼센트만 남겨 책으로 엮는 내 일상을 봤다면, 오히려 이렇게 질문할 것이다.

"나머지 버린 원고도 충분히 책이 될 수 있을 것 같은데, 아까워서 어떻게 버려요?"

당신의 노력과 성실성을 사람들이 알아주지 않는다고 걱정하지 마라. 노력과 성실성은 본래 자신만이 알 수 있는 고귀한 가치이기 때문에 다른 사람 눈에 보이지 않을 뿐이다. 내가 보낸 시간을 잘 알고 있기 때문에, 내가 앞으로 나갈 시간에 대해서도 잘 알고 있다.

　그대도 그렇다. 충분히 자신의 일과 삶을 사랑했다면 걱정하지 마라. 이제는 그대가 자신을 사랑했던 시간이 그대를 지켜줄 것이다.

5 | 언어의
평행점을
찾는 법

누군가 SNS에 부모님을 만나 즐거운 식사를 즐긴 사진과 글을 올리면 이런 식으로 반응하는 사람이 있다.

"보기 좋네요, 살아 계실 때 효도하세요."

언뜻 정중하고 따스한 마음이 느껴지는 댓글처럼 보이지만, '보기 좋다'는 말은 평가로 '효도하세요'라는 말은 조언으로 들릴 가능성이 매우 높다. 잘 모르는 사람이거나 듣는 상대가 기분이 안 좋은 상태라면 더욱 그렇다.

좋은 마음만 전하면 충분한데 굳이 이렇게 평가와 조언의 언어를 사용하는 사람이 있다. 중요한 건 언제나 그렇듯 자신은 그걸 모른다는 것이다. 그래서 오히려 "뭘 그렇게 예민하게 반응하세요? 그 정도 말도 못하나요?"라고 반문하기도 한다.

말에는 누구에게나 공통적으로 이해가 가능한 어떤 평행점이 있다. 그 평행점을 찾아서 섬세하게 말하면 누구든 오해를 사지 않고 뜻을 아름답게 전할 수 있다. 사람들이 많이 모인 장소에 가면 그 평행점이 깨진 상태를 자주 목격하게 된다.

사람은 저마다 의식 수준이 모두 다르다. 그래서 익숙한 그룹에서 벗어나, 여름철의 해변이나 출근길 지하철 등 불특정 다수가 모인 곳에서는 아주 작은 말실수로 돌이킬 수 없는 큰일이 벌어지기도 한다. 해변에서 소리를 지르며 싸우거나, 복잡한 도로 위에서 우리가 끝도 없이 경적을 울리는 이유도 거기에 있다. 그 소리는 결국 '나는 네 말이 이해가 되지 않아'라는 신호인 셈이다.

변화를 위해서는 만나는 사람을 제대로 구분해서 잘 선택해야 하고, 그런 과정에서 완벽을 기하려면 대화라는 도구를 능숙하게 다룰 수 있어야 한다.

앞서 언급한 사례에서 '언어의 평행점'을 찾아 마음을 전하려면, 먼저 상대의 그 사진과 글을 올린 의도를 파악하고, 전하려는 말을 그 사람이 그린 풍경에서 벗어나지 않는 선에서 하는 게 좋다. 그럼 강요와 조언, 그리고 평가의 굴레에서 자유로울 수 있다. 세상 어디에도 잘 모르는 타인에게 평가를 받고, 하나하나 조언을 받고 싶은 사람은 없다. 그럴 때는 앞서 언급한 방법대로 이렇게 말하면 된다.

"부모님과 행복한 시간 보내시는 모습이 참 따스하네요."

이때 상대에게 조금 더 좋은 마음을 전하고 싶다면 "저도, 오랜만에 부모님과 저녁 식사라도 해야겠습니다"라는 말로 상대에게 무언가를 배웠다는 느낌을 전하는 것도 좋다.

이런 사례는 정말 많고 다양하다. "오랜만에 밖에 나와서 산책을 하니 좋네요"라는 글에도 "네, 좀 밖에 나가서 산책도 하고 그러세요. 그렇게 외롭게 방에만 있으면 정신 건강에 안 좋아요"라는 댓글을 쓰며 스스로 좋은 마음을 전했다고 생각하는 사람이 있는데, 이것 역시 앞에 언급한 사례와 마찬가지로 평가와 조언으로 점철된 문장에 불과하다.

오랜만에 밖에 나왔다고 말하면 나온 그 상태의 모습에 대해서만 좋게 말해주면 되지, 방에만 있던 그 사람의 과거 일상까지 끄집어내 이야기할 필요는 없기 때문이다. 꼭 들어야 할 내용을 전할 때 그것은 상대에게 '필요한 조언'으로 느껴지지만, 굳이 들을 필요가 없는 내용은 '듣기 싫은 조언'으로 느껴질 뿐이다.

내면과의 대화를 생각하면 간단하다. 힘들어서 지친 내면에게 "너 이게 뭐야, 더 힘내야지!"라고 말하지 않는 것처럼, 상대에게도 그의 현실에 맞는 마음을 안아줄 수 있는 말을 하는 게 '언어의 평행점'을 찾는 핵심이다.

일상에서 언어의 평행점을 찾는 연습을 할 수도 있는데, 바로 경청을 통해서다. 경청이란 무작정 상대 이야기를 모두 흡수하는 것을 말하지 않는다. 만약 그것이 경청이었다면 모두가 쉽게 해냈을 것이며, 수많은 분야의 대가들이 경청의 가치를 이렇게 오랫동안 주장하지도 않았을 것이다. 그럼 경청이란 대체 무엇인가? 힌트는 바로 여기에 있다.

"누군가의 이야기를 제대로 듣는다는 것은, 반대로 듣지 않고 스쳐야 할 이야기를 구분할 수 있게 되었다는 사실을 의미한다."

그래서 나는 새로운 일을 시작하려는 사람들에게 꼭 이런 조언을 한다.

"당신이 무엇을 시작하든 그 일에 대한 주변의 평가나 현재 상황에 대한 이야기는 주의 깊게 듣되, 앞으로의 예상에 대한 이야기는 듣지 마라. 그것은 당신이 하나하나 만들어나가며 새롭게 쓸 이야기니까."

버려야 할 이야기를 재빨리 버리는 것, 이게 바로 효과적인 경청이 갖춰야 할 제1조건이다. 모든 것을 다 흡수하는 것은 생각하지 않고 사는 사람들의 선택일 뿐이다. 흡수하기 전에 스쳐야 할

게 무엇인지 먼저 생각하라. 버려야 할 이야기가 무엇인지 스스로 깨닫게 되면서, 들어야 할 이야기의 가치는 더 높아진다. 제대로 들으려면 제대로 버려야 한다. 또한 동시에 쓸데없는 이야기를 버리면 가치 있는 이야기만 남기 때문에 언어의 평행점을 찾는 데 큰 도움이 된다.

진정한 의미의 경청은
남의 말을 잘 듣는 게 아니라,
들어야 할 말을 잘 듣는 것이다.

언어의 평행점을 찾고 싶다면
자신의 욕구와 성향에서 벗어나,
상대의 마음과 현실을 보라.

6

좋은 기분을
전하는
사람이 되라

한 번 나를 오해한 사람은 바로 오해를 풀어도, 시간이 지나면 다른 이유로 또 오해할 가능성이 매우 높다. 상황을 설명해서 알려줄 수 있지만, 세상과 사람을 바라보는 시선과 성향은 바꿀 수 없기 때문이다. 실제로 누군가 뭔가를 했다고 말하면 "에이, 정말로?", "거짓말이지?" 하며 부정적인 시선으로 바라보는 사람이 있다. 그들에게는 아무리 사실을 보여줘도 또 다른 상황에서 다시 트집을 잡고 스스로 오해를 창조(?)한다. 그런 사람과 섞이면 인생이 피곤해진다. 문제는 되는 일도 없이 피곤하다는 사실이다.

세상에는 좋은 기운을 전하는 사람이 있다. 같은 상황에서 같은 일을 겪어도 이상하게 함께 있으면 희망과 용기가 마구 솟아나게 해주는 사람이 있다. 그들의 특징 중 하나는, 말할 수 없는 것에 대해서는 침묵한다는 것이다. 그들은 진실로 알고 있는 것이 아니라면, 그것에 대해서 안다고 말하지 않고 더 관찰하고 연구해야 한다고 생각한다.

반대로 뭐든 보기만 하면 혹은 듣기만 하면 주변에 마구 이야기를 하고 다니는 사람도 있기 마련이다. 물론 그들은 나쁘거나 못된 사람이 아니다. 중요한 것은 우리가 그들의 그런 삶의 태도를 바꿀 수는 없다는 사실이다.

하루는 인스타그램에 최근에 나온 책을 찍어 올렸다. 그랬더니 잘 모르는 사람이 이런 댓글을 남겼다.

"책팔이"

그러나 그 바로 아래에는 이런 댓글이 달렸다.

"와, 작가님 책을 내주서서 감사합니다."

우리는 가끔 비난과 악의적인 댓글 혹은 말에 상처를 받고 아파한다. 그러나 전혀 그럴 필요가 없다. 좋은 것만 바라보며 거침없이 가면 된다. 누구를 바라봐야 하나? 내게 좋은 말을 해주는 사람만 보라. 그들의 말이 내가 걸어야 할 길이다.

우리가 모두 잘 아는 사람들 중에 그런 삶을 살고 있는 가장 좋은 사례가 될 인물이 한 명 있다. 바로 축구선수 손흥민이다. 축구에는 관심이 없지만, 그에 대해서는 관심이 많다. 그냥 보기만 해도 기분을 좋게 만들기 때문이다.

그는 아버지의 매우 엄격한 교육을 받으며 성장했다. 나는 거기에 그의 모든 경쟁력이 있다고 생각한다. 손흥민의 아버지 손웅정은 국가대표로 활약하였지만 안타깝게도 1988년 부상을 당해 운동을 그만두고 유소년 선수 교육에 전념하게 된다. 그런데 손흥민을 세계적인 선수로 키운 그의 교육 방침은 매우 특별해서 아들 손흥민이 유명세를 탄 이후에는 그의 지도방식을 보고 배우기 위해서 영국의 스카우트들이 직접 찾아오기도 할 정도다.

대체 무엇이 그렇게 다른 걸까? 나는 '기분 좋은 미소'가 그 비결이라고 생각한다. 정점에 오른 선수가 가장 조심해야 할 것은 초심을 잃는 것이다. 그것만큼 순식간에 한 사람의 가치를 떨어뜨리는 것은 없다. 그래서 그는 아들에게 늘 이렇게 주문했다.

"상대 선수를 존중하지 않으면 모든 축구 기술과 승리도 의미가 없다. 축구 선수는 축구장 안에서 행복해야 하기 때문이다."

그는 아들에게 자신이 움직이는 공간에서 행복하게 미소 짓는 것을 매우 중요하게 생각하도록 만들었다.

하루는 경기에서 멋지게 골을 넣은 그가 중계 카메라에 대고 이렇게 외쳤다. 나는 그 말이 그가 보낸 세월이 어떠했는지를 정확하게 보여주는 증거라고 생각한다.

"너네 그거 알아? 우리가 이길 거야!(You know what, We are gonna win!)"

그는 자신 있게 웃을 줄 아는 사람이다. 나는 그래서 그가 좋다. 보면 괜히 기분이 좋아지는 사람, 그 비결은 결국 그가 지금까지 보낸 세월에 있다. 그는 아버지와 함께 보낸 자신의 과정을 믿는 사람이다. 그런 사람만이 누군가에게 좋은 기분을 나누어 줄 수 있다. 언제 어디에서든 주변에 희망 에너지를 전하며 좋은 결과를 기대하게 만드는 사람의 비결은 간단하다.

"자신을 사랑하고 모든 과정에 그 사랑을 담아라. 그 결과가 어찌 나쁠 수 있겠는가?"

좋은 기운을 전하는 사람을 곁에 두라. 당신을 힘들게 만드는 사람에게 더 기회를 주면 더 아플 뿐이다. 세상에 내면이 그렇게 특별히 강한 사람은 별로 없다. 그래서 나를 아프게 하는 것들을 최대한 만나지 않고 스치는 선택이 필요하다. 내 마음이 편해야 내게 소중한 사람에게 더 많은 것을 줄 수 있기 때문이다. 바뀌지 않는 사람 때문에 더는 마음 아파하지 말고, 그를 그냥 보내줘라. 그리고 당신 자신을 지켜내라. 그리고 더 소중한 사람에게, 더 따스한 마음을 전하자.

가장 아름다운 사람만 믿고 함께 걷자.

그것이 바로 우리가 가야할 길이니까.

좋은 사람이 우리를 좋은 길로 안내한다.

7

바보를
멀리하라

어떤 모임에 초대를 받아 참석한 공간에 있거나, 오랜만에 버스나 지하철이라는 수단으로 이동할 때, 그 특유의 분위기와 공간의 이미지가 정말 낯설게 느껴진다. 일상에 존재하는 인연을 섬세하게 구분했던 내가, 의지와는 전혀 무관한 수많은 익명의 사람들과 같은 공간에 있기 때문이다.

지금 나는 까다로운 성격이나 사람을 가리는 나쁜 태도에 대해서 말하려는 것이 아니다. 일상은 우리가 가진 모든 것이다. 그렇다면 일상을 구성하는 것은 무엇인가? 바로 인연을 맺은 사람들이다. 현명한 사람과 인연을 맺으면 우리의 일상은 그 자체로 최고의 행운이 될 것이고, 반대로 못된 사람과 인연을 맺으면 일상은 지옥이 될 것이다. 수준 높은 사람과 좋은 인연을 맺고 싶다면 다음에 제시하는 5가지 방법을 기억하면 된다.

1 | 자랑하기 위해 상처 주는 사람을 멀리하자.

인간이라면 누구나 자랑을 한다. 기본 욕구라고 볼 수도 있다. 그저 단순한 자랑으로 그치면 괜찮지만, 그 자랑이 그걸 듣는 사람에게 상처로 남을 때가 있다. 바로 지금처럼 코로나 사태로 다들 살기 어려운 시기에, 온갖 사치를 하며 그 이야기를 굳이 일이 없어 우울한 사람들에게 자랑처럼 들려주어 마음을 아프게 하는 것이 대표적인 사례다. 주변 사람 마음을 헤아리지 못하고, 살아가는 슬픔을 모르는 그런 사람은 굳이 곁에 두고 인연을 맺을 필요가 없다.

2 | 불가능을 전파하는 사람에게서 벗어나자.

뭔가 새로운 일을 시작하려고 하면 나타나서 온갖 부정적인 이야기를 애써 전하는 사람이 있다. "네가 그걸 할 수 있겠어?", "요즘 경기가 안 좋아서 다들 몸 사리고 있던데 너무 성급한 거 아니야?" 걱정이라는 포장지로 가렸지만, 속에는 상대를 무시하고 능멸하는 마음이 잔뜩 녹아 있다. 불가능을 전파하는 사람들은 모든 사람에게 그런 말을 하고 다니지는 않는다. 자신이 특별히(?) 무시하는 사람에게만 나쁜 말을 하고 다니기 때문이다. 그래서 더욱 그들과 인연을 맺을 필요가 없다. 나를 믿고 지지하는 사람을 만나기에도 짧은 인생이니까.

3 | 바보를 멀리하라.

세상에서 가장 나쁜 도둑은 비싼 보석을 훔친 사람이 아니라, '바보'다. 그들은 당신에게서 시간을 훔쳐가고 대신 나쁜 기분을 선물로 주기 때문이다. 여기에서 말하는 바보는 지능을 말하는 것이 아니라, 생산적이지 못하고 주변에 있는 사람의 가치까지 떨어뜨리는 사람을 말한다. 그들은 어떤 좋은 상황에서도 늘 궤변을 늘어놓고, 주변 사람들의 일상에서 비난할 것만 찾아 교묘히 다른 사람에게 공개하며 싸움을 벌인다. 그런 바보와 굳이 인연을 맺을 필요는 없다. 자기와 맞는 사람을 찾게 멀리 보내라.

4 | 기회를 줘도 받지 못하면 미련 없이 보내라.

현명한 사람은 어리석은 사람을 애써 설득하거나 이해시키려는 노력을 하지 않는다. 사람은 결국 자신이 이해할 수 있는 범위에 있는 것만 받아들일 수 있기 때문이다. 그건 누구의 잘못도 아니다. 그저 의식의 수준이 다르기 때문에 일어나는 일이다. 일상과 인생을 바꿀 기회가 우리 주변에서 늘 배회하고 있지만 잡는 사람이 따로 있는 이유도 거기에 있다.

그렇다고 쉽게 사람과의 인연을 끊을 수는 없다. 세 번의 기회를 주고 그래도 반응이 없거나 어리석은 말과 행동을 반복할 때, 마음 아프지만 과감히 정리할 필요가 있다. 시작부터 기분 나쁜 인연은 시간이 지나며 나아지기보다는 더욱 나쁜 인연이 될 가능성이 높다. 좋은 관계는 쉽게 나빠지지만, 나쁜 관계는 쉽게 좋아지지 않는다.

5 | 타인을 배려하지 못하는 사람을 구분하라.

배려는 매우 중요한 지적 도구다. 배려가 예절이 아닌 지적 도구라고 표현한 이유는, 깊은 지성으로 타인의 입장을 헤아리지 못하면 어떤 배려도 할 수 없기 때문이다. 보통 우리가 저지르는 배려 없는 행동은 그걸 몰라서 하는 경우가 많다. 스스로 실례를 하고 있다는 사실을 모른 채 웃으며 상대에게 고통을 주는 셈이다.

타인의 입장에서 생각할 수 있다는 것은 또 왜 중요할까? 아무리 증오하고 비난하는 관계라도, 그 사람 입장에서 생각할 수 있는 사람은 그를 마음 깊이 이해하게 되면서 나쁜 감정을 걷어내고 그의 장점만 보게 되기 때문이다. 그래서 그들은 타인의 거만이나 독선이 아닌, 장점과 희망을 주로 발견하고 자기 것으로 만든다. 그런 사람을 곁에 둔 사람의 인생은 언제나 희망으로 가득하다.

　이런 글을 읽고 일상에서 실천하려고 할 때, 아주 가끔은 '내가 뭐라고 사람을 구분하고 나눠서 인연을 맺나?'라는 생각이 들 때도 있을 것이다. 그게 바로 우리가 함부로 인연을 맺으면 안 되는 이유의 전부다. 대부분의 사람들은 평범하다. 그래서 더욱 사람을 잘 만나야 한다. 스스로 대단해서 사람을 구분하고 가리는 것이 아니라, 여전히 성장해야 하고 배울 것이 많기 때문에 더욱 사람을 잘 만나야 하는 것이다.

　나는 '품위가 있다'라는 표현을 좋아한다. 그것은 타고나는 것이 아니라 누구나 섬세한 일상의 노력으로 가질 수 있는 것이라 그렇다. 한 사람의 품위는 결국 그가 인연을 맺는 사람들에게서 나온다. 나의 내면을 대하듯 조심스럽고 차분한 태도로 상대를 대하자. 그럼 자연스럽게 그 태도에 걸맞은 사람을 만나게 될 것이다. 모든 것은 언제나 내게서 시작한다.

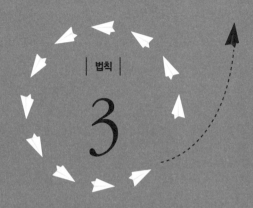

3

어제와 시간을 다르게 써라

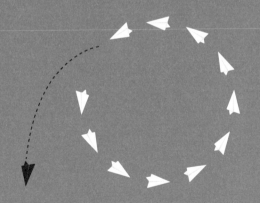

1

당신은 왜 월 1,000만 원을 벌고 싶은가?

　'지성'이나 '대가' 등 온갖 근사한 수식어로 우리는 어떤 사람의 면면을 칭송하지만, 자세하게 들여다보면 크게 부족한 사람도 없지만 크게 대단한 사람도 별로 없다. 도덕성이나 권력욕, 세상의 가치를 바라보는 태도까지 거의 비슷하다. 그래서 같은 일을 해도 차이를 내는 사람이 되고 싶다면, 핵심은 '비슷비슷한 가운데서도 뭔가 다른 것을 찾는 능력이 있느냐'에 달려 있다. 앞에서 언급한 거성이나 대가들에게 있는 최고의 역량이 바로 그것이기 때문이다. 비슷비슷한 가운데 특별한 부분을 찾아내는 능력, 그게 바로 보통 사람들과 당신을 구분하게 만들 핵심 역량인 셈이다.

그냥 보면 다 비슷하게 보이지만, 그 안에서 완전히 다른 부분을 발견할 수 있다면 사람들이 잘 모르는 역량을 자기 안에 담을 수 있다. 그들은 가만히 무언가를 응시하는 것만으로도 책에서 배우지 못한 지식을 눈에 담을 수 있고, 그런 것들을 자신의 머릿속에서 서로 연결하고 분해해서 전혀 다른 뭔가를 창조해낸다.

그 특별한 능력을 가지려면, 그들에게 있는 하나의 특징을 당신의 것으로 만들어야 한다. 그건 바로, '어떤 사건이나 상황에 대해 한 번 내린 결론을 끝까지 견지하기 위해 억지를 부리지 않는다'라는 삶의 태도다. 그들은 어떤 일을 하거나 시작할 때 중간중간 자신의 생각이 틀렸다는 것을 알게 되면, 숨기거나 속이지 않고 공개적으로 잘못을 인정한다. 그래서 그들은 계속 더 나은 모습으로 자신의 생각을 수정한다. 자신의 생각을 미세하게 구분하여 나누고 완벽을 추구하는 그 자세가 바로, 비슷비슷한 사람들 사이에서 그들에게 빛나게 할 안목을 갖게 해주는 셈이다.

자, 이쯤에서 지금까지의 글과는 조금 다르다고 생각할 흥미로운 질문을 하나 던진다.

"혹시 당신은 월 1,000만 원을 벌고 싶은가? 그렇다면 이유는 무엇인가?"

과거에는 연봉 1억 달성을 목표로 정하고 무언가를 시작하는 사람이 많았는데, 이제는 조금씩 연봉 1억 트렌드가 월 1,000만 원으로 바뀌고 있다. 연봉이 월급으로, 1억이 1,000만 원으로 달라진 셈이다. 그러나 나는 지금 그 숫자와 기간을 언급하려는 것이 아니다. 본질적인 선택에 대한 부분을 말하고 싶다. 다음 3가지 질문에 답하지 않고 무작정 그 트렌드를 따라가면, 그저 월 1,000만 원을 벌 수 있는 방법을 소개한 각종 교육 프로그램과 책, 그리고 온갖 종류의 무리에 섞여 소비하는 역할만 하게 될 뿐이기 때문이다.

다음 3가지 질문을 순서대로 자신에게 던지며 천천히 읽고 생각해보자. 그럼 내가 왜 갑자기 다른 이야기를 했는지 저절로 알게 될 것이다.

1 │ 당신에게 월 1,000만 원이 필요한 이유가 무엇인가?

사실 이런 질문은 해본 적이 없을 가능성이 높다. 연봉 1억이나 월 1,000만 원이라는 숫자와 기간은 누군가 정한 기준이기 때문이다. 개인의 목표에서 나온 숫자가 아닌, 책이나 강연으로 그걸 가르치며 경제적 이득을 얻기 위해 만든 하나의 틀일뿐이다. 다시 말해서 당신은 그 틀에 갇혀 있는 거라고 보면 된다. 그 정교하게 만들어진 틀에서 나오려면, 첫 질문이 가장 중요하다. 월 1,000만 원이 모두의 기준은 아니기 때문이다. 질문을 통해 자신의 기준을 먼저 찾아야 한다. 그래야 2, 3번 질문을 통해 자신만의 방법을, 타인이 아닌 자신의 힘으로 발견할 수 있다.

2 | 당신에게 진짜 필요한 돈은 얼마인가?

세상이 정한 숫자가 자신의 것이 아니라는 사실을 질문을 통해 깨달았다면, 이번에는 직접 필요한 돈이 얼마인지 정확하게 정하는 단계가 필요하다. "내게 필요한 돈은 얼마인가?"라는 질문을 던져보자. 타인과 세상의 모든 기준에서 벗어나 실제로 자신에게 필요한 액수를 정했다면, 이번에는 다음 질문을 통해 그 돈을 벌 수단에 대해 생각해야 한다.

"무엇으로 그 돈을 벌 수 있을까?"

자신의 삶을 돌아보며 세심하게 살펴보라. 스스로 방법을 찾지 못하면, 결국 세상이 아무 이유 없이 추천하고 강요하는 방법 중 하나에 선택을 당하게 된다. 그렇게 되면 결국 끌려가는 인생을 살게 되는 것이다. 스스로 살고 싶은 자유로운 인생을 만들기 위해 출발했는데, 다시 또 선택을 당하며 끌려가게 되는 셈이다. 결코 타인의 방법이나 추천에 의해서가 아닌, 자신의 생각에서 나온 자신의 방법을 찾아야 한다. 그래야 시작과 결과가 모두 자신의 것으로 남을 수 있다.

3 | 하루에 몇 시간을 일하고 싶은가?

이제 마지막, 가장 중요한 질문이다. 우리가 벌고 싶은 금액을 확실히 정한 이유는 경제적 자유를 위해서다. 그래서 이 질문을 던지지 않고 무작정 많이 버는 것에만 집중하면 오히려 자유를 빼앗길 위기에 처할 수도 있다. 자신도 모르게 시간을 낭비하게 되는 것이다. 누군가는 하루 15시간을 일해서 월 1,000만 원을 버는 삶을 원하지만, 3분의 1 정도인 하루 5시간만 일해서 월 333만 원을 버는 삶을 원하는 사람도 있기 때문이다.

매달 벌고 싶은 금액을 정했다면 이번에는 그 '기간과 매일 일하고 싶은 시간'에 대해서도 심도 있게 생각해봐야 한다. 만약 월 1,000만 원을 벌고 싶지만 하루에 5시간 이상 일하고 싶지 않다면, 1,000만 원을 위해 하루 15시간 일하기보다는 금액과 시간을 적절하게 조정하는 것이 좋다. 이 과정을 통해 자신도 몰랐던, 숨겨진 미세한 욕구를 발견하게 된다.

나는 이 글의 제목을 '당신은 왜 월 1,000만 원을 벌고 싶은가?'라고 정했고, 앞부분에 '사람들은 거의 비슷하니 더 나은 삶을 살고 싶다면, 그 공간에서 미세하게 다른 부분을 찾아낼 힘이 필요하다'라고 강조했다. 그리고 3개의 질문을 제시하며 자신의 진짜 욕구를 찾아서 타인에게 시간을 빼앗기지 말라는 내용으로 글을 마무리했다.

언뜻 보면 내용이 연결되지 않는다고 생각할 수도 있지만, 이런 방식으로 글을 쓴 이유는 2가지다. 하나는 실제로 이런 일이 일상에서 자주 일어나기 때문이고, 다른 하나는 매순간 조금씩 달라지는 욕망의 움직임을 포착하지 못하는 상태로 살면 사람들 사이에서 자신을 구분할 무언가를 만들 수 없기 때문이다.

자신의 시간을 제대로 사용하고 싶다면, 늘 자신이 보내는 시간과 공간의 움직임을 의심해보는 습관을 가질 필요가 있다. 이를테면 삶의 여유를 가지려면 넉넉한 돈만 있으면 되는 게 아니라, 그걸 즐길 넉넉한 시간까지 있어야 한다. 돈과 시간의 균형을 제대로 잡지 못하면 후회로 잘못 보낸 시간의 복수를 받게 되기 때문이다. 그걸 매순간 인식하지 못하고 지나가면, 생각 없이 돈만 추구하며 사는 삶에 빠질 가능성이 높아진다.

그런 삶에 빠지고 싶지 않다면, 앞서 시대의 지성과 대가가 그렇게 살듯, 스스로 자신의 생각과 관점을 수정하고 투명하게 공개할 필요가 있다. 이를 통해 우리는 세상과 시간을 대하는 자신의 안목을 더욱 예리하게 다듬을 수 있다. 자신의 생각과 선택이 틀릴 수도 있다는 마음은 그래서 매우 중요하다. 그래야 더 많은 것을 받아들일 내적 공간을 마련할 수 있기 때문이다.

코로나 이후 모든 것이 빠르게 변화하고 있으며, 기존에 맞다고 생각하던 가치와 철학이 하루아침에 허물어져 흔적도 없이 사라지고 있다. 일관성 있게 하나만 고집하는 것이 아니라, 일관성 있게 다양성을 존중하려는 태도가 필요하다. 자신이 틀렸다는 사실을 인정하고 의견을 바꾼 경험이 많으면 많을수록 그는 흔들리는 이 시대에서 중심을 잡고 세상 곳곳에 있는 숨겨진 가치를 쉽게 발견할 수 있게 될 것이다.

2

최고의
시간 관리는
전략적 무능에서
시작된다

주어진 일을 제대로 하지 못한 사람에게 듣는 "시간이 없어서 할 수 없었습니다"라는 말, 그 사람 앞에서는 "이해할 수 있다"라고 대답했어도 속으로는 다른 생각을 할 가능성이 높다.

'시간 안에 해내지 못하다니, 참 무능한 사람이네.'

'다음부터는 저 사람에게 일을 맡기면 안 되겠다.'

그런 사람들을 보며 나는 가끔 이런 생각을 했다. 왜 능력이 비슷한 사람들에게 같은 일을 맡겨도, 해내는 시간에 차이가 생기는 걸까? 빠르고 완벽하게 해내는 사람과 느리게 설익은 결과를 내놓는 사람 사이에는 어떤 차이가 있을까? 무엇이 그들의 결과를 다르게 만드는 걸까?

한 사람을 소개한다. 그를 부를 땐 늘 호칭을 무엇으로 선택해야 할지 망설이게 된다. 그도 그럴 것이 교수, 문학평론가, 무려 100권이 넘는 책을 쓴 베스트셀러 작가, 각종 단체의 이사장, 신문사 최연소 편집국장, 게다가 장관까지 정말 다양한 인생을 살았고 하나하나 모두 완벽에 가깝게 해냈다. 그의 이름은 바로 한국을 대표하는 지성 이어령 박사다.

그 힘의 원천은 대체 어디에 있을까? 나는 지난 10년 동안 그를 지속적으로 만나며 매우 의미 있는 경쟁력을 하나 발견했다. 누구나 쉽게 벤치마킹할 수 있는 경쟁력이니 집중해서 읽고 자신의 것으로 만들기를 바란다.

다양한 분야에서 독보적인 업적을 남긴 사람들의 공통점 중 하나는 저녁 시간을 매우 소중하게 생각한다는 점이다. 그들은 저녁이 되기 전에는 주변 사람들과 활발하게 교류하며 바쁘게 지내지만, 저녁이 되면 모두의 공간에서 벗어나 자신만의 공간으로 걸어간다. 그곳은 집일 수도 혹은 방이나 제3의 공간일 수도 있다. 하지만 분명한 것은 낯선 사람의 침범을 허락하지 않는다는 사실이다.

실제로 이어령 박사는 대학 시절 이후 저녁 6시 이후에는 '절대'라고 말할 수 있을 정도로 철저히 어떤 약속도 잡지 않는다. 무려

60년 이상 그런 삶을 반복하고 있는 셈이다. 6시 전에는 강연과 인터뷰 등으로 누구보다 바쁜 일상을 보내지만, 그 이후의 시간은 자신에게만 선물하는 의식을 평생 지켜왔다. 이를테면 그의 삶은 이렇게 표현할 수 있다.

"타인과 함께 바쁜 시간을 보낸 후에는, 반드시 나 자신과 바쁜 시간을 보낸다. 타인과 나눈 지식과 정보를 혼자만의 시간을 통해 지성과 지혜로 바꾸기 위한 것이다."

그러나 그게 쉬운 것은 아니다. 우리는 모두 사람들과의 관계 속에서 움직이며 살아가기 때문이다. "나는 저녁 6시 이후에는 아무도 만나지 않아. 그러니까 나를 혼자 있게 놔줘"라고 말한다고 그게 쉽게 이루어지는 것은 아니다. 그래서 이어령 박사에게는 저녁 시간을 소유하기 위해 젊은 시절부터 지금까지 사용하는 방법이 하나 있다.

'친구 사귀는 법을 알려달라'는 전략적 무능!

그는 오래전부터 새롭게 사람을 만났는데 그와 오랫동안 인연을 맺을 가능성이 높다고 생각되면 장난삼아 "난 친구가 없어서 잘 모르겠는데, 친구 사귀는 법 좀 가르쳐줘"라고 말한다. 그에게 그 말은 마치 인연을 맺기 전에 던지는 인사말과 같다. 그 말을 하는 이유가 뭘까?

해석을 하면 이렇다. "친구 사귀는 법 좀 알려달라"라는 그의 말은 '나는 사람들과 관계를 맺는 데 익숙하지 않으니 이해해주시길 바랍니다'라는 고백과도 같다. 스스로 자신의 부족한 부분을 공개적으로 언급하며 그 부분에 대해서는 기대하지 않게 만드는 것이다.

이런 고백을 통해 그는 자신이 약한 분야에 대한 신경을 쓰지 않아도 되기 때문에 '저 사람이 오해하는 건 아닐까?', '내 마음은 그게 아닌데, 어쩌지?'라는 온갖 오해와 불안에서 자유를 얻을 수 있다. 또한, 그렇게 쌓은 여분의 시간은 꼭 필요한 곳에 적절히 사용할 수 있어, 같은 시간을 사용하지만 오히려 세상으로부터 시간을 투자받은 사람처럼 넉넉하게 활용할 수 있게 된다.

물론 취업을 하거나 가정을 꾸린 이후에는 저녁 시간을 확보하기 쉽지 않다. 그렇다고 인생을 바꿀 수 있는 이 좋은 방법을 아예 포기할 수는 없다. 굳이 이어령 박사의 원칙을 그대로 실천할 필요는 없기 때문이다. 대신 나는 '당신의 시간과 공간을 확보하라'라는 이야기를 들려주고 싶다. 저녁을 통으로 혼자 쓰는 것은 매우 어려운 일이다. 그래서 나는 이런 작은 목표를 20여 년 전부터 하나하나 세워 지금까지 지켜나가고 있다.

- 나는 계획에 없는 사람은 만나지 않고 일정도 갑자기 정하지 않는다. 상대의 지위와 권력이 아무리 강력해도 마찬가지다. 누구든 나와 만나려면 최소한 2주 전에는 일정을 정해야 한다.

- 돈은 내 삶을 움직일 수 없다. 그래서 돈을 아무리 많이 주는 강의도, 계약금을 10배로 주는 출간 의뢰도 내 일상에 불쑥 끼어들지 못한다.
- 저녁 시간 이후를 혼자 통으로 다 사용할 수는 없다. 그래서 나는 최소한의 원칙을 정했다. 그건 바로 저녁 시간 이후에는 통화를 하거나 메시지나 문자도 거의 보내지 않는 일상을 사는 것이다.
- 저녁 이후에 온 메시지는 다음 날 새벽 이후에 답을 한다. 이유는 간단하다. 나의 세계는 나만의 것이어야 하기 때문이다. 그래야 나의 것을 하나하나 만들어갈 수 있다.

늘 힘들다고 불평하기보다는 '내게 맞는 법'을 찾아내려고 노력하자. 나도 이어령 박사처럼 아예 저녁 시간을 통으로 마음껏 사용할 수 있는 것은 아니었지만, 내가 할 수 있는 범위 안에서 자유를 누리기 위해 최선을 다했고 '나의 저녁 일상'이라고 부를 정도의 틀을 만들 수 있었다.

그럼 이제 마지막 문제 하나만 남았다. 바로 '전략적 무능으로 내세울 하나를 어떤 방법으로 정할 수 있을까?'에 대한 것이다. 보통 한 사람이 가진 경쟁력은 다음처럼 크게 3가지로 나눌 수 있다.

- 가장 잘할 수 있는 것

- 할 수는 있지만 평균 정도의 수준인 것
- 생각만 해도 골치가 아픈 것

이때 마지막에 위치한 '생각만 해도 골치가 아픈 것'을 이유로 내세우며 전략적 무능을 실천하면 된다. 시간을 주체적으로 관리하기 위해서는, 이렇게 일에 대한 경쟁력을 3가지로 나눠서 전략적 무능으로 철저하게 활용하고 관리해야 한다. 그렇게 하지 않으면 타인과 세상에게 시간을 낭비하는 인생을 살게 될 가능성이 높아진다.

미래는 현재 우리가 무엇을 선택하느냐에 따라 달라진다. 시간은 모두가 가지고 있는 자본이지만, 모두가 그 자본을 제대로 활용하고 있는 것은 아니다. 당신이 아무리 강력한 힘을 갖고 있어도 단단한 돌로 굳게 막혀 있는 벽을 옮길 수는 없다. 그러나 그 사실을 상대에게 고백하고 돌에 문을 설치할 수는 있다. 전략적 무능이 바로 그 문 역할을 하는 셈이다.

모든 것을 다 잘하는 사람은 없고, 굳이 그럴 필요도 없다. 그것이 인간관계든 아니면 청소나 스피치든 잘하지 못하는 부분을 생각하고 염려하며 보내는 시간을 차단하고, 그 모든 에너지를 잘하는 일에 투자할 수 있다면 과거보다 매우 효율적인 일상을 보낼 수 있게 될 것이다.

이것은 다행히도 무엇을 더 배울 필요도 없고, 돈과 노력을 투자할 필요도 없는 일이다. 그저 못하는 부분을 세상에 공개하는 것만으로 가질 수 있는 것이기 때문이다. 자신의 약점을 보이는 거라서 처음에는 주저할 수도 있다. 하지만 결국 이 모든 것이 자신을 위한 거라고 생각하며 도전해보라. 이전과 전혀 다른 시간 위에서 사는 자신을 발견하게 될 것이다.

3

지금
할수있는
일을 하라

지능과 재능 등 타고난 것들은 결정할 수 없지만, 어떻게 살아갈지는 스스로 결정할 수 있다. 그래서 시간이 중요하다. 누구나 자기만의 시간을 살고 있으며, 그 시간의 깊이와 두께는 시간을 소유한 자신의 의지에 따라 24시간 내내 변화할 수도 있고, 평생 아무런 변화도 없이 정체될 수도 있기 때문이다. 내게는 살면서 중요한 변화의 시점이 매우 많았는데, 기억하는 첫 변화는 이제 막 중학생이 된 어느 날이었다.

6살 때 아버지가 돌아가셔서, 당시 우리집 형편은 늘 넉넉하지 않았다. 그런데 하루는 동생과 함께 길을 걷다가, 어린이날에 아버지가 사준 멋진 자전거를 타고 지나가는 친구를 보며, 문득 이런 생각을 했다.

'저런 멋진 자전거를 사줄 수 있는 형이 되고 싶다.'

많은 사람이 아마도 그 상황이라면 "내게도 멋진 자전거를 사주는 아빠가 있으면 좋겠다"라고 말하겠지만, 당시 나는 사건의 중심에 돌아가신 아버지가 아닌 나를 두고 생각한 것이다.

나는 여전히 그날의 기억을 선명하게 기억한다. 이런 이야기를 들려주면 "아직 어린 아이가 생각이 깊구나"라고 말할 수도 있다. 하지만 나는 그때 내 생각이 깊어서 그런 표현이 나온 거라고 생각하지 않는다. 또한, 동생을 지극히 사랑하거나 내가 착해서 나온 말이라고 생각하지도 않는다. 답은 하나다.

나는 어릴 때부터 변화의 포인트를 매우 잘 알고 있었다. 변화란 나이가 든다고 그 능력이 갑자기 커지는 것이 아니라, 나이와 상관없이 누구나 가질 수 있는 삶의 무기이기 때문이다. 변화의 본질을 문장으로 표현하면 이렇다.

"당신의 시간을 멋지게 바꾸고 싶다면, 지금 할 수 있는 일을 찾아서 하면 된다."

반대로 변화하지 않는 삶을 문장으로 표현하면 이렇다.

"당신의 가능성을 말끔히 지우고 싶다면, 지금 할 수 없는 일을 찾아 불평하면 된다."

멋진 자전거를 사주는 아빠는 내가 아무리 노력해도 이룰 수 없는 것이다. 돌아가신 아버지를 내가 살려낼 수는 없는 일이기 때문이다. 당시 내가 할 수 있는 가장 현실적인 생각은 그 멋진 자전거를 직접 사줄 수 있는 사람이 되는 것이었다. 비록 시간이 걸리고 당장 할 수 있는 일은 아니지만, 가장 이룰 확률이 높은 생각이라고 볼 수 있다. 그것이 바로 '인식의 틀'이 우리에게 주는 힘이다. '당장은 할 수 없지만, 언젠가는 그 지점에 도달하려면 지금 당장 할 수 있는 일을 해야 한다'라는 인식의 틀을 일상에 넣어두고 살았기 때문에 나올 수 있는 생각이다.

시간을 최대한 효율적으로 활용해서 변화를 멋지게 이루어내는 사람들에게는, 더 견고한 인식의 틀을 만들기 위해 일상에서 '절대'라고 말할 정도로 최대한 사용하지 않는 3개의 표현이 있다. 자신의 일상을 생생하게 떠올리며, 다음 제시하는 3개의 표현이 삶에 얼마나 침투해 있는지 점검하는 마음으로 차분하게 읽어보자.

1 | '비난'하지 않는다.

시간의 흐름을 바꾸는 견고한 인식의 틀을 갖고 사는 이들의 삶에 접속하려면, 먼저 다음 문장을 깊이 사색할 필요가 있다.

"비난은 어떻게 그 사람을 진리에서 벗어난 인생을 살게 만드는가?"

어떤 것이든 비난만 하려고 드는 사람은, 어떤 상황을 만나도 그런 삶에서 쉽게 벗어나지 못한다. 비난은 자신의 의견을 낼 수 있는 가장 간단하고도 수월한 방법이기 때문이다.

쉽고 빠른 것에 빠진 사람은 진리를 거부하고 본질에 접근하지 않는다. 이해하기 쉽게 수치로 비교를 하면, 진리와 본질에 접근하는 삶은 그저 비난하려는 삶과 비교해서 100배 이상 갖기 힘든 것이기 때문이다. 어렵게 생각할 필요는 없다. 그저 지금 당장이라도 당신의 삶에서 비난을 제거하라. 그 시도만으로 당신은 진리에 가까이 다가가게 된다.

2 | '다수의 의견이 옳다'는 근거는 없다.

무언가를 다수결로 결정하는 이유는, 그게 가장 빠르고 공평하게 일을 진행할 수 있게 해주기 때문이다. 하지만 모든 경우 그런 것은 아니지만, 다수가 찬성했다는 것을 자세히 들여다보면 그 무리를 움직이는 세력과 흐름이 있다는 사실을 알게 된다. 누군가 무언가를 위해 의견을 제시했을 때 다수의 사람이 무조건 복종하는 상황이라면, 그 안에는 진리와 지성이 깃들 수 없다. 진리와 지성은 다수결로 결정할 수 있는 것이 아니기 때문이다. 중요한 것은 다수도 소수도 아닌, '자신의 생각에서 나온 의견'이라는 사실을 명심하자. 세상이 설치한 다수의 테두리 안에서 벗어나 생각하자. 그래야 방황하지 않고 시간을 최대한 아껴서 후회 없는 선택을 할 수 있다.

3 | '정의'를 남발하지 않는다.

정의는 할 말이 없게 만드는 단어다. 그래서 무언가를 시작하려면, 일단 정의가 아닌 도덕을 추구하려는 마음을 가져야 한다. 정의는 도덕을 추구하며 사는 사람이 모이면 저절로 만들어지는 것이기 때문이다.

시작은 단계를 거쳐 차근차근 나간다는 마음으로 '지금 가능한 범위에서 가장 바람직한 것'을 추구하는 게 좋다. 이를 위해서 너무 큰 수준의 도덕이 아닌, 지금 자기 수준에 맞는 도덕에 만족할 용기를 내는 것도 중요하다. 너무 높은 수준의 도덕성을 추구하면, 무엇도 시작할 수 없는 무능의 틀에서 벗어나기 힘들기 때문이다.

결국 인생을 바꾸려면 시간을 생산적으로 보내야 하며, 그러기 위해서는 '지금 할 수 있는 것을 찾아서 실행하자'는 견고한 인식의 틀이 필요하다. 그래서 앞서 언급한, 함부로 누군가를 비난하지 않고, 다수의 말에 무작정 끌려가지 않으며, 지금 실천 가능한 도덕적인 삶을 사는 일상의 반복이 필요하다. 뭐든 반복을 통해 견고해지기 때문이다.

다시 이런 상상을 해보자. 업무를 위해 바쁜 마음에 택시를 타고 이동하다가, 대낮에 커피를 들고 여유롭게 산책을 하는 사람을 보거나, 평일에 한 달 정도 시간을 내서 여행을 떠나는 사람의 소식을 접하면 '좋겠다. 저게 사람 사는 모습이지. 에이, 나는 꿈도 꾸지 못하는 일상이네!'라는 생각이 저절로 든다. 이런 인식의 틀 안에서 생각하는 사람은 결국 자신의 시간을 바꾸지 못하고 평생 그렇게 잘 모르는 타인의 삶을 부러워만 하다가 인생을 마감할 가능성이 높다. 자신의 시간을 바꾸고 싶다면, 우리는 다시 이 말을 기억하며 인식의 틀을 바꾸는 게 좋다.

"시간을 멋지게 바꾸고 싶다면, 지금 할 수 있는 일을 찾아서 하면 된다."

4

시간을 **대하는** 태도를 **바꾸는 법**

"내가 당신의 시간을 조금 빌릴 수 있을까요?"

관광지에서 사진을 찍어 달라거나 무거운 물건을 옮기는 등 누군가에게 어떤 부탁을 할 때, 이런 식으로 말을 하면 실패할 가능성이 매우 줄어들 것이다. "저기요, 사진 좀 찍어 주세요", "이것 좀 같이 들어 주세요"라는 표현도 분명 부탁은 맞지만, 상대가 바쁘거나 기분이 좋지 않은 상태에서는 실패할 가능성이 높다. 이유가 뭘까? 상대의 시간을 소중하게 생각하는 마음이 없기 때문이다.

아주 단순하지만, 핵심 메시지는 깊고 중요해서 활용도가 매우 높다. 그 이유와 가치가 무엇을 의미하는지 살펴보자.

한 방송에서 흥미로운 실험을 통해 '부탁의 힘'이 얼마나 대단한지 증명한 적이 있다. 그 주요내용을 간단하게 정리하면 이렇다. 사람이 많은 공원에서 한 여성이 돗자리에 둔 짐을 그대로 두고 아이와 함께 근처 화장실에 다녀왔다. 그 사이 한 도둑이 다가와 그녀의 가방을 들고 매우 편안한(?) 모습으로 여유롭게 사라졌다. 그가 편안하게 도둑질을 할 수 있었던 이유는 바로 옆에 앉아 있던 남성이 그가 도둑질하고 있다는 사실을 알고 있으면서도 못 본 것처럼 방관했기 때문이다.

그러나 방식을 바꾸자 상황도 극적으로 바뀌었다. 같은 사람에게 이번에는 그녀가 화장실에 가기 전에 상대의 눈을 바라보며 "아이가 급하다고 해서 잠시 화장실에 가야 하는데, 혹시 제 짐을 잠시만 봐주실 수 있을까요?"라고 물었다. 남자는 잠시 생각한 후 긍정의 답을 내놨고 다시 같은 상황이 펼쳐졌다. 도둑이 그녀의 가방을 훔쳐려고 하자, 이번에는 그가 도둑을 적극적으로 제압하기 시작했다. 게다가 도둑이 그의 제압을 뿌리치며 도주하자 신발도 제대로 신지 못한 상태에서 뛰어가 그를 잡았다.

처음에는 도둑질을 하는 모습을 보면서도 미동도 하지 않았던 그가 마치 그녀의 수행원이 된 것처럼 갑자기 바뀐 이유는 뭘까? 그에게 이유를 묻자 그는 이렇게 답했다.

"제가 그녀의 부탁에 그렇게 하겠다고 수긍을 했으니까요."

당신은 이 이야기를 읽고 어떤 생각을 했는가?

'나라면 안 그럴 것 같아.'

'그게 현실에서 가능한가?'

많은 사람이 어떤 이야기를 들려주면 자신이 다 안다는 듯 말하지만, 그 상황에 똑같이 처해보지 않고선 당신이 어떤 행동을 할지 알 수 없다. 상황은 우리가 생각하는 것보다 훨씬 더 강한 힘을 가지고 있기 때문이다.

그래서 "나라면 그렇게 하지 않을 거야"라는 표현은 자신을 제대로 모르는 가장 대표적인 말 중 하나다. 어떤 사람도 자신이 경험하지 못한 상황에 대해서 예측할 수 없다. 사람은 누구나 다른 상황에 들어가면 그 안에 맞게 생각하고 움직이게 되기 때문이다. 우리는 그래서 더욱 '상황'이라는 공간에 대해 집중해서 살펴볼 필요가 있다. 상황을 아주 잘게 쪼개면 결국 시간의 합이기 때문에 변화를 위해서는 시간을 소중하게 생각하는 마음이 필요하다.

앞서 나는 두 사례를 통해 부탁의 힘에 대해 언급했다. 모든 상황에서 상대의 행동에 변화를 이끈 힘은 바로 '상대의 시간을 소중히 여기는 마음'에 있었다. 상대의 시간을 소중히 여기기 때문에 정중하게 부탁을 할 수 있었고, 그 사람의 변화를 이끌어낼 수 있었다.

내가 여기에서 말하고 싶은 가장 중요한 내용은 부탁으로 상대의 행동을 바꿀 수 있다는 것이 아니다. 우리는 부탁을 통해 상대가 바뀌는 모습을 보며 '상대의 시간을 소중하게 생각하는 마음'이 무엇인지 알게 되고, 그걸 일상에서 반복하면 저절로 '자신의 시간을 소중하게 생각하는 마음'을 갖게 된다. 상대를 대하는 자신의 태도를 통해 자신의 변화를 촉구하게 되는 셈이다.

그래서 내가 강조하는 것이 하루 세 번 주변 사람들에게 부탁해보는 일상을 살아보는 것이다. 늘 약속 시간에 늦는 사람이 아무리 일찍 나가도 또 늦는 이유는 기본적으로 생각의 틀이 다르기 때문이다. 그들은 늦지 않기 위해 10분 먼저 출발하면 '평소보다 10분 일찍 출발했으니 오늘은 좀 느긋하게 이동하자'라는 생각으로 움직인다. 10분 먼저 도착하겠다는 생각으로 가야 하는데, 10분 먼저 출발했다는 생각에 머무르니 또 평소처럼 늦는 것이다. 나를 기다리는 1분이 얼마나 상대에게 소중한 시간인지 머리로만 알지 가슴으로 이해하지 못해서 그런 일이 반복되는 것이다.

그래서 주변 사람들에게 사소한 일이라도 진지하게 그리고 정중하게 부탁하는 습관을 들이면, 저절로 시간을 대하는 자신의 인식을 바꿀 수 있다.

누군가에게 명령이나 강요가 아닌 부탁을 한다는 것은 그 사람의 시간을 소중하게 생각한다는 증거다. "나는 부탁을 해본 경험이 별로 없어서", "부탁하지 않아도 되는 인생을 살아서" 이런 말로 부탁에 익숙하지 않은 자신을 변호하는 사람도 있다. 하지만 잘 생각해보라. 정말 자신의 직업과 삶이 부탁하지 않아도 되는 것이 아니라, 상대의 시간을 소중하게 생각하지 않거나 상대를 존중하는 마음이 없어서 부탁하지 않는 인생을 살았던 것은 아닌지 말이다.

세상에는 깊이 생각하지 않으면 알 수 없는 것들이 있는데, 자기 자신에 대한 문제가 바로 그것이다. 자신이 스스로 시간을 제대로 제어하지 못해 늘 약속 시간에 늦고 시간에 맞춰서 일을 해결하지 못한다면, 타인에게 정중히 부탁하는 일상을 시작해보라. 스스로 시간을 대하는 태도가 달라지는 것을 금세 느끼게 될 것이다.

5

시간을 **가치 있게** 쓰는 **사람들의** 3가지 말습관

동네 분식집에 한 손님이 혼잣말을 하며 자리에 앉았다.

"동네에 김밥을 파는 식당이 여기뿐이라, 선택의 여지가 없네. 그런데 정말 맛은 별로야."

혼잣말은 누구나 할 수 있다. 그런데 문제는 주인이 그 혼잣말을 들었다는 사실이다. 표정의 미세한 떨림이 그 사실을 증명했고, 이내 손님은 큰소리로 이렇게 주문했다.

"김밥 참치랑 돈가스 하나요."

그러자 애매한 표정으로 주인이 응수한다.

"참치 김밥이랑 돈가스 하나 맞죠?"

"네."

돈가스를 하나 꺼내다가, 뭔가 이상한 느낌을 받은 주인은 다시 손님에게 묻는다.

"돈가스요? 아니면 돈가스 김밥이요?"

"당연히 돈가스 김밥이죠."

그러자 주인은 손님에게 들었던 혼잣말에 받은 상처를 담아, 두 사람만 존재하는 그 공간에서 마치 들으라는 듯 이렇게 혼잣말을 던졌다.

"아니, 무슨 말을 이렇게 애매하게 하나! 처음부터 돈가스 김밥이라고 해야지. 돈가스 튀겼으면 버릴 뻔했잖아!"

기분 나쁜 말투로 던진 혼잣말에 그걸 듣던 손님 표정이 일그러지고, 그는 음식이 나오자마자 낚아채 서둘러 나갔다.

이 상황 자체에 공감하지 못할 수도 있다. "저렇게 혼잣말을 티가 나게 하는 사람이 어디에 있어?"라고 말할 수도 있다. 하지만 그건 어디까지나 자신의 관점에서 나온 판단이다.

오늘부터라도 한 번 자신이 머무는 공간에서 쉴 새 없이 흘러나오는 수많은 사람들의 혼잣말을 주의 깊게 들어보라. 생각보다 많은 혼잣말이 여기저기에서 나오고 있다는 사실을 깨닫게 될 것이다.

주변을 둘러보면 괜한 오해나 비난을 자처하는 사람이 있다. 그 사람 주변에는 싸움과 고성이 끊이지 않는다. 게다가 정작 그 사람 자신은 "나는 아무런 문제가 없어. 사람들이 이상한 거야"라고 항변한다. 실제로 그들은 자신의 문제가 무엇인지 모르기 때문에, 그렇게 말하는 게 당연할 수도 있다.

하지만 이런 식의 분쟁은 결국 소중한 시간을 쓸모없는 일에 낭비하게 만들 뿐이다. 설령 분쟁에서 승리(?)한다고 해도 남는 것은 '내가 이겼다'라는 헛된 만족 하나뿐이다. 앞서 소개한 분식집 사건에서 뛰쳐나간 손님과 그걸 바라보던 주인은 최소한 그날 하루는 일이 손에 잡히지 않았을 것이다.

'지가 먼저 혼잣말로 신경을 긁어 놓고 오히려 화를 내고 나가?'

'주인이 장사할 자세가 되어 있지 않네, 아 기분 나빠!'

서로 이런 생각에 빠져 있을 가능성이 높기 때문이다. 당연히 일이 제대로 될 수가 없다.

일을 잘하는 사람들은 자신의 시간을 제대로 쓴다. 제대로 쓴다는 말은 '쓸모없게 보내지 않는다'라는 의미로 해석할 수 있다. 몇 번 말했지만 우리가 경쟁하며 사는 대부분의 사람은 비슷비슷한 능력을 갖고 있다. 승부의 방향은 결국 능력이 아닌 "시간을 얼마나 투자할 수 있느냐?"라는 문제로 결정된다. 시간을 낭비하지 않고 자신이 해야 할 일에 모두 남김 없이 쓰는 사람들은 말하는 습관이 다르다. '만약 나라면?'이라는 생각으로, 그들이 일상에서 말할 때 주의하는 3가지 습관을 알아보자.

1 | 타인을 누르며 올라가지 않는다.

"저 사람보다 내가 낫지."

"저런 식으로 하면 시간만 하릴없이 지나갈 뿐이야."

이렇게 타인의 방식을 무시하거나 비방하며 자신의 방식이 낫다고 표현하는 모든 말은 결국 다시 자신에게 돌아와 "그럼 너는 뭐가 잘났냐?"라는 질문을 받게 만든다. 그렇게 비난과 조롱이 가득한 공간이 또 하나 탄생하게 되는 것이다.

이런 사람들에게 끊이지 않는 게 고소와 고발이다. 결국 모든 것은 자신이 부른 것이다. 생명이 있는 존재는 누군가 자신을 누르면 어떤 식으로든 반응하며, 그 결과가 좋을 가능성은 매우 낮다. 자신의 성과나 과정 혹은 일에 대해서 말하고 싶다면, 거기에 다른 사람의 것은 넣지 말고 자신의 이야기만 하는 게 가장 좋다. 상대를 누르지 말고 자신의 이야기만 하는 습관을 들여야, 지금보다 더 많은 시간을 자신의 성장과 변화를 위해 쓸 수 있다.

2 | 빠르게 평가하려고 하지 않는다.

스스로의 기준을 정하기 위한 평가는 필요하다. 그러나 그 평가가 생각보다 빠르게 이루어지는 경우가 가끔 있다. 평가가 빠른 이유는 상황이 쉽게 보이기 때문이기도 하지만, "저 사람은 별로야" 혹은 "이건 아니지"와 같은 답을 미리 정하고 시작하기 때문이 아닐까?

이런 방식의 접근이 위험한 이유는, 뭐든 빠른 속도로 생각을 정리하면 나온 의견과 답도 설익은 것일 가능성이 높기 때문이다. 깊은 생각으로 좋은 마음을 나누고 싶다면 타인과 대화를 나눌 때 '쉽게 평가하지 않기'와 '빠르게 결론을 정하지 않기' 등의 원칙을 가질 필요가 있다. 물론 개인에 따라 쉽게 변하지 않는 부분이니, 자신의 빠르게 평가하려는 의지를 의식하며 그때그때 표출하려는 욕구를 제어하는 게 좋다.

3 | 말을 최대한 절제한다.

말을 절제한다는 것은 어떤 의미일까? 바로 앞서 언급한 분식점 에피소드를 다시 생각할 필요가 있다. 요리 사업가 백종원은 유명해진 이후 이런 말을 남겼다.

"평소 표정 관리에 신경 쓰고 있다. 그리고 혼잣말로 구시렁구시렁 불평을 잘하고 욕도 잘하는데 의식적으로 늘 조심하고 있다."

말을 절제한다는 것은 말을 하지 않는다는 것이 아니라, 혼잣말처럼 쓸데없이 나오는 말의 빈도를 최대한 줄이는 것을 의미한다. 누구나 잘 알고 있는 것처럼 혼잣말은 대화에서 꼭 필요한 부분은 아니다. 게다가 자신도 모르게 나오거나 불만스럽게 가능성이 높기 때문에 부정적인 감정을 전할 가능성이 높다. 그러나 의식하면 충분히 막을 수 있고 그로 인한 불필요한 언쟁도 피할 수 있으니, 최대한 억제하며 쓸모없이 사라지는 시간이 생기지 않을 수 있게 노력해보자.

　각종 서류를 작성하거나 누군가에게 말로 의견을 전달할 때, 그 자리를 준비하며 생각보다 많은 시간을 허비할 때가 많다. 또한, 많은 시간을 투자해서 서류를 작성했지만 결과물이 만족스럽지 않아서 다시 작성해야 할 때도 있다. 서류 준비, 미팅 준비 모두 마찬가지다.

　이처럼 언어를 다루는 일은 매우 많은 시간을 필요로 한다. 처음 준비할 때 한 번 수정하며 또 한 번, 그렇게 많은 시간이 사라지는데, 가장 큰 이유는 '쓸데없는 표현과 생각'이 많이 들어가 있기 때문이다. 그걸 골라내기 위해 수정하며 많은 시간을 보내게 된다. 그러나 일상에서 내가 앞에서 제안한 3가지 방법을 사용하면, 언어를 다루는 일에서 낭비되는 시간을 꽤 많이 줄일 수 있다. 일상이 곧 실전이라고 생각하며 시작해보자.

6

최소한의 시간으로
최대의 결과를
이끌어내는
'단순한 계획의 힘'

　　새벽 3시에 일어나 실내자전거를 타며 스마트폰으로 글을 쓴 후, 새벽 6시에 출근해서 밤 10시가 넘어서 퇴근하는 삶을 오랫동안 살아봤다. 그 시절의 나는 시간이 아까워서 식사도 제대로 하지 않았고, 그야말로 눈만 뜨면 일에만 몰두하는 시간을 보냈다. 하지만 나는 내 인생에서 그 기간이 가장 비생산적인 나날이었음을 나중에야 알게 되었다. 이건 매우 중요한 부분이라서 수백 번을 강조해도 모자라지 않는다. 나를 포함해 수많은 사람이 경험으로 깨달은, 당신의 인생을 바꿀 질문을 하나 던진다.

"하루 18시간 일하는 사람은 부지런한 것이고, 반면에 하루 5시간만 일하는 사람은 게으른 것일까?"

답이 쉽지 않다면, 이 질문에 대한 답을 먼저 생각해보라. 만약 당신이 기업의 대표인데 쉽게 해결하기 힘든 일을 누군가에게 맡겨야 한다면, 게으른 사람에게 일을 맡기겠는가 혹은 부지런한 사람에게 맡기겠는가? 세상의 기준에서 볼 때, 매우 쉽게 답이 나오는 문제지만 여기 전혀 다른 답을 내놓는 사람이 한 명 있다.

바로, 마이크로소프트의 창업자 빌 게이츠가 그 주인공이다. 그는 놀랍게도 어려운 일이 생기면, 항상 게으른 사람을 골라 일을 맡긴다. 왜냐하면 게으른 사람은 어려운 일을 가장 쉽게 해낼 방법을 찾는데 최고의 능력을 발휘하기 때문이다.

게으른 사람과 부지런한 사람의 기준부터 다시 정할 필요가 있다. 기준이 명확해야 시간을 보내는 원칙도 제대로 정할 수 있기 때문이다. 빌 게이츠도 동의했지만, 내가 생각하는 게으른 사람은 가장 합리적으로 일을 처리하고, 최소한의 시간으로 최대의 가치를 생산하는 사람들이다.

그들은 복잡하고 힘든 일을 빠르고 완벽하게 해내는 '단순한 계획'을 일상에서 실천하고 있다. 방법은 간단하다.

먼저 가전제품으로 눈을 돌려서 생각에 시동을 걸어보자. 고가의 첨단기능이 들어간 제품과 저가의 단순한 기능만 제공하는 제품 중, 어떤 제품을 더 오랫동안 사용할 수 있을까? 물론 정확하게 구분하는 것은 쉽지 않다. 하지만 첨단기능이 많은 제품은 그만큼 내부가 복잡하게 구성되어 있어 고장이 날 가능성이 높다. 이 사례는 계획을 세우고 그것을 효과적으로 빠르게 실천하려는 사람들에게 매우 많은 시사점을 제공한다.

내게는 명절이나 각종 연휴에 맞춰 그간 집필한 책을 최종 수정하는 루틴이 하나 있다. 말이 수정이지 원고를 처음부터 끝까지 철저하게 하나하나 살피며 거의 분해하고 재결합하는 수준의 작업이라, 보통은 한 달 이상의 시간이 필요한 작업이다. 그 복잡한 일을 내가 연휴에 수행하는 이유는 간단하다. 연휴를 활용하면 가장 복잡한 그 과정을 가장 수월하게 해낼 수 있기 때문이다. 5일 연휴 기간 동안 단행본 400페이지 분량의 최종 원고 수정을 계획하고, 내가 세운 전략은 매우 간단하다. 총 5부로 구성된 원고였고, 나는 책상 위에 이렇게 한 줄로 수정 계획을 썼다.

'하루에 1부씩 완성하기'

하루에 1부, 그러니까 5일 동안 그걸 반복하면 총 5부로 구성된 단행본 한 권 분량 전부를 수정할 수 있는 것이다. 해야 할 일에 비해서 매우 간단한 계획인 셈이다. 사실 물리적으로 생각하면 5일 동안 원고 하나를 수정하는 것은 거의 불가능에 가깝다. 나도 실제로 늘 이런 방법을 쓰고 있지만, 시작할 때마다 '과연 내가 5일 동안 이 엄청난 일을 해낼 수 있을까?'라는 의문을 갖게 된다. 그러나 그 의문은 하루이틀 시간이 지나며 '해낼 수 있겠는데'라는 강한 확신으로 바뀐다. 이건 결코 내가 글을 잘 쓰거나 능숙해서 그런 것이 아니다. 누구라도 쉽게 활용할 수 있다.

누가 봐도 어렵게 느껴지는 일일수록 최대한 계획과 전략을 단순하게 세워야 성공 가능성을 높일 수 있다. 그래야 단순한 기능의 기계가 중간에 고장이 잘 나지 않는 것처럼, 중간에 계획이 틀어지지 않게 할 수 있기 때문이다.

당신의 일상으로 돌아가 생각해보자. 그리고 이 말을 다시 떠올려보라.

"계획이 단순할수록 이루어질 가능성이 높아진다."

내가 하루 4시간 사색을 원칙으로 삼고 있다고 말하면 사람들은 "하루에 4시간이나 사색할 시간이 있나요?"라고 묻는다. 물론 나도 매우 일정이 많기 때문에 시간을 내기 쉽지 않다. 그래서 나는 4시간 사색을 실천할 가장 간단한 방법을 선택했고, 그 방법을 통해 별 무리 없이 사색하며 살아가고 있다. 그 방법이란 내가 가장 자주 머무는 책상 앞에 이런 식으로 한 줄 계획을 적는 것이다.

'하루 4시간 사색'

매일 새벽에 일어나 메모장에 한 줄을 쓰고 책상 위에 붙인다.

그럼 잠들기 전에 그 한 줄만 지우면, 나는 그 일을 해낸 것이다. 정말 간단한 방법이 아닌가?

그런데 만약 매일 일정을 확인하며 오전 6시~6시 30분에 30분 사색, 오후 2시~2시 40분에 40분 사색 등으로 4시간을 세세하게 정해 계획을 세우면 어떻게 될까? 한 번만 지키지 못해도 마음이 급해지고 나약해져서 아예 포기할 가능성이 높아진다. 마치 복잡한 기능의 전자제품이 쉽게 고장 나는 것처럼 말이다. 매일 일상에서 시간이 날 때마다 사색을 즐기다가, 나중에 시간을 더해서 4시간이 끝나면 아침에 일어날 때 썼던 한 줄의 계획을 지우는 게 현명하다. 우리는 결코 방법을 몰라서 못하는 게 아니다.

예를 들어서 매일 팔굽혀펴기를 하루에 20개를 하는 것이 목표라면 굳이 이런 복잡한 계획을 세울 필요는 없다.

'새벽 6시에 일어나서 방으로 이동한 후, 편안한 운동복으로 갈아입고, 천천히 팔굽혀펴기를 20회 실천한다.'

이렇게 계획을 철저하게 세분화하면 성공할 가능성이 낮아진다. 새벽에 일어나야 하고, 방으로 이동해야 하고, 운동복으로 갈아입는 3단계 과정을 거쳐야 하기 때문이다. 시간과 공간 그리고 방법은 이미 머릿속에 입력된 정보이기 때문에 그것을 해낼 딱 한 줄만 기억하고 있으면 된다. 계획을 나누고 쪼갤수록 실패할 가능성은 기하급수적으로 높아진다.

당신이 지금 무언가 변화 목표를 세웠다면, 내가 아침에 일어나 '하루 4시간 사색'이라는 계획을 세우고 일상에서 실천한 것처럼, 눈에 보이는 어딘가에 목표로 정한 것을 메모하고 하루가 끝날 즈음에 지우면 된다. 최대한 간단하게 누가 봐도 쉽게 알 수 있게 압축하고 선명하게 바꾸면, 어떤 힘든 목표도 생각보다 쉽게 이룰 수 있다.

7

시간을
성장에
연결하는
7가지 태도

지금까지 내가 스스로 정한 변화에 언제나 성공적으로 대처하며 원하는 결과를 얻을 수 있었던 이유 중 하나는, 지금부터 소개하는 모든 일상을 순식간에 바꾸는 이 방법에 있다. 이것은 마치 시간과 공간을 완전히 뒤집어 버리는 것과 같은 효과를 내는데, 놀라운 결과에 비해서 방법은 매우 간단하다.

바로 '만족'을 느끼는 자신의 기준을 바꾸는 것이다. 내가 몸무게를 30kg 이상 감량한 후, 몸무게를 꾸준히 유지할 수 있었던 힘은 바로 이 한 줄에 있다.

"나는 배가 조금 고플 때 가장 큰 만족을 느낀다."

다이어트를 시작할 때 나는 내 의식에 이 한 줄을 입력했고, 덕분에 다들 어렵다고 생각하는 다이어트를 어렵지 않게 한 번에 성공할 수 있었다. 약간 배가 고플 때 가장 큰 만족을 느껴 하루에 한번 이상은 꼭 그 순간을 즐기려고 노력하며, 그 일상의 과정에 과도한 식욕과 무절제한 행위가 침범할 틈이 없기 때문이다. 결국 그 한 줄의 생각은 과식과 군것질을 막아줬고, 나는 저절로 꾸준함의 가치와 몰입의 즐거움을 알게 되었다. 더욱 중요한 사실은 그렇게 실천으로 깨달은 가치가 몸에 스며서 나만의 것이 되었다는 것이다.

그러나 만약 만족을 느끼는 기준을 '배가 조금 고픈 상태'가 아닌 '포만감'으로 바꿔 버리면, 순식간에 일상을 지지하는 철학이 뒤바뀐다. 나를 유혹하는 것들을 참을 필요가 없고, 배가 부른 상태에 익숙해지면서 무언가를 제어하고 견디는 내면의 강도에도 변화가 생기기 때문이다. 그러므로 나는 내가 보낸 세월의 경험으로 당신에게 분명하게 말할 수 있다.

"당신이 보내는 시간에 가치를 더하고 싶다면, 어디에 만족할 것인지 기준을 제대로 정하라."

중요한 것은 '만족'을 느끼는 기준을 새롭게 설정하여 내가 나를 둘러싼 다양한 삶의 방식을 변화시킨 것처럼, 변화를 결심하고 그걸 가능하게 만들어 내는 사람들은 자신의 시간을 대하는 태도가 다르다는 사실이다.

이에 르네상스 시대를 대표하는 미술가이자, 조각과 건축, 음악과 수학에 이르기까지 다양한 분야에서 독보적인 활약을 해낸 다빈치는 이렇게 말했다.

"세상에는 세 종류의 사람이 있다. 보려는 사람, 보여주면 보는 사람, 보여줘도 안 보는 사람."

그가 자신의 경쟁력으로 '보려는 사람'을 언급하는 이유는 뭘까? 본다는 것은 무엇인가? 그것은 자신에게 주어진 것을 최대한 활용해서 최고의 자신이 되라는 의미다. 우리는 어디에서 무언가를 하며 시간을 보내는 만큼 무언가를 본다. 하지만 같은 곳에서 같은 시간을 투자해 무언가를 봐도 사람에 따라 성장과 변화의 속도는 제각각이다. 언제나 앞서는 이들은 자신의 성장을 위해 시간을 사용하는 특별한 방법을 갖고 있다. 그들 삶에 공통적으로 나타나는 주요 메시지만 간추려 7가지 태도로 구성했으니 읽고 적절하게 삶에 연결해보라.

1 | SNS를 운영하라.

'운영한다'는 것은 스스로 그것을 주도한다는 의미다. 단순하게 누군가의 글을 공유하고 비판하는 것에만 소중한 시간을 버리지 말고, 당신의 생각을 선명하게 글로 표현하라. 스스로 자신의 글이 수준 낮다고 망설이거나 주저하지 마라. 진심을 담았다면 이미 수준의 굴레를 벗어난 것이니까. 진실로 자신의 이야기를 써라. 그게 바로 매일 자신의 가치를 세상에 알리는 가장 현명한 방법이다. 당신이 자신에게 주어진 시간을 어떤 방식으로 사용하고 있으며, 그 시간에 담은 가치가 어떤 의미가 있는지 세상에 보여준다는 생각으로 SNS를 운영하라.

2 | 조직이 아닌 자신을 위해 일하라.

이 말은 무엇을 의미하는가? 자주 듣거나 누군가에게 조언하는 말이지만, 실제로 그 의미를 쉽게 설명하는 사람은 드물다. 단어와 표현을 머리로만 알기 때문이다. 이 말이 의미하는 것은 이렇다.

"갈 곳이 없어서 머무는 일상의 노예가 되지 말고, 갈 곳은 많지만 머물러 가치를 더하는 일상의 예술가가 되자."

같은 조직에서 같은 일을 해도 눈빛이 다른 사람이 있다. 주변 사람들이 그를 바라보며 현재보다 미래가 기대되는 사람이라고 말하는 이유는, 그에게 뛰어난 재능이 있어서가 아닌 모든 일에 자신을 중심에 두고 생각하고 움직이기 때문이다. 변방에서 아무도 몰라주는 일을 하고 있을지라도, 그 일 중심에 그대 자신을 두라. 그래야 그 시간을 당신이 가질 수 있다.

3 | 당신의 삶을 매년 책으로 내라.

쉽지 않지만 어려운 일도 아니다. 나는 직장에 다니면서도 매년 3권의 책을 냈다. 오히려 직장을 그만두고 전업작가로 일하며 양이 줄어서 매년 1권의 책을 내고 있다. 바쁜 일상이 책을 쓰며 사는 삶에 걸림돌이 되는 게 아니라는 뜻이다.

시간을 대하는 태도를 바꿔라. '어떻게 하면 내가 보낸 시간을 세상에 남길 수 있을까?' 생각하고 또 생각하라. 단순하게 해야만 하는 일이라고 생각하면 힘들지만, 내 경력과 생각을 적는 이력서라고 생각하면 쉽다. 책을 더 쉽고 깊이 있게 쓸 가장 간단한 방법은, 글이 될 수 있는 일상을 사는 것이다. 어려운 일이 아니다. 쓰고 싶은 삶을 먼저 살면 된다. 그렇게 삶이 저절로 책이 되게 하라. 책으로 당신이 공들여 만든 삶을 세상에 알려라.

4 | 순서를 제대로 파악해야 한다.

우리가 주어진 시간을 낭비하는 가장 큰 이유 중 하나는, 자신의 현재 수준을 제대로 모르기 때문이다. 그래서 반드시 주의할 게 하나 있다. 지금 '할 수 있는 일'과 앞으로 '하고 싶은 일'을 혼돈하면 시간의 흐름이 망가진다는 사실이다. 초보자의 실수는 언제나 '나는 뭐든지 다 할 수 있어'라는 생각에서 시작한다. 가능성을 열어두는 것은 좋지만, 하고 싶다는 마음이 모든 것을 가능하게 만드는 것은 아니다. 미래에 하고 싶은 일을 하기 위해, 지금 할 수 있는 일에 파묻히는 사람이 되는 게 좋다. 움직이기 전에 먼저 일의 순서를 생각하라. 순서가 바뀌면 시간만 버린다.

5 | 가치를 먼저 발견하라.

가끔 글쓰기를 배우고 싶다는 사람들을 모아 수업을 할 때가 있다. 그럼 늘 같은 상황이 벌어진다. 그 공간에서 글을 가장 잘 쓰는 내가 가장 열심히 쓰고 있는 것이다. 교실을 봐도 마찬가지다. 공부를 가장 잘하는 아이가 가장 열심히 공부한다. 마찬가지로 누가 봐도 지적으로 가장 뛰어난 사람이 더 배우려고 분투하고, 실천력이 뛰어난 사람이 더 뜨겁게 실천하면서 살기 위해 노력한다. 이유는 간단하다. 자신이 추구하는 지성과 실천의 가치를 알기 때문이다. 무언가를 평생 추구하며 살고 싶다면 먼저 그 가치를 제대로 아는 게 우선이다. 가치를 아는 사람은 영원히 멈추지 않을 테니까.

6 | 당신의 일을 한 줄로 설명하라.

누군가 당신에게 "무슨 일을 하는 사람입니까?"라고 묻는다면 한 줄로 설명할 수 있는가? 나는 언제나 그 질문에 "세상과 사람을 사랑하는 사람입니다"라고 답한다. 그 마음이 나를 지치지 않고 쓰게 만들기 때문이다. 직업의 종류가 아닌, 그 일을 대하는 마음이 결국 그 사람이 보낸 시간을 증명한다. 자신의 존재를 제대로 파악하며, 동시에 애정을 갖고 그 일을 하는 사람은 언제나 명료하게 자신의 일이 무엇인지 설명할 수 있다. 그렇게 자신의 삶과 일에 대해서 당당하게 설명할 수 있을 때, 우리는 자신에게 주어진 시간을 보석처럼 값지게 쓸 수 있다. 그런 나날을 원한다면, 자신의 일을 짧게 한 줄로 설명하는 연습을 해보라.

7 | 남는 시간을 모두 자신을 위해 써라.

비행기에서 만약 사고가 나면 부모가 가장 먼저 해야 할 일은 뭘까? 아이의 산소마스크를 챙기는 일? 아니다. 부모가 가장 먼저 스스로 산소마스크를 써야 하고, 아이를 챙기는 건 그 다음이다. 자신의 안전이 보장되지 않는 상태에서는 아이도 제대로 구할 수 없기 때문이다.

일상에서 남는 시간도 마찬가지다. 만약 당신에게 어떤 목표가 있다면 그 시간에 누군가를 돕거나 챙기려고 하지 말고, 오직 자신의 휴식과 안정을 위해 모두 써라. 그래야 피로와 스트레스를 깨끗이 씻어내고 다시 소중한 사람을 사랑하며 살아갈 힘을 낼 수 있다. 자신을 힘들게 하면서 남을 돕는 것은 어리석은 선택이다.

내가 성장을 위해서 분명한 자기 시간을 가져야 한다고 말하면 자영업자는 "그건 하루 일과가 분명히 정해진 직장인이나 가능하죠"라고 말하고, 직장인들은 "그건 하루 일과가 자유로운 자영업자나 가능하죠"라고 말하며 자신이 할 수 없는 이유에 대해 설명한다. 언제나 그렇다. 할 수 없다고 생각하는 사람은 100명을 모아도 일상이라는 돌을 움직이지 못한다. 그래서 할 수 있다고 생각하는 한 사람이 되는 것이 중요하며, 생산적 시간관리는 "어떻게 하면 할 수 있을까?"라는 질문에서 시작한다. 어떤 위대한 신도 스스로 할 수 없다고 생각하는 사람의 손은 잡아줄 수 없다.

시간은 당신이 사는 세상을 바꾸거나, 아름답게 만들 수 있는 유일한 무기다. 당신의 시간을 최대한 많이 확보하고, '이것이 나의 삶이다'라고 말할 하루를 보내라. 살아가는 나날이 곧 성장의 나날이 되게 하자.

8

시간이
나를
쓰게
하지 마라

    개인적으로 면을 좋아해서 '맛있다고 소문이 난 면'이 아닌, '내 눈에 맛있어 보이는 모든 면'을 일단 즐긴 후 나만의 평가를 내리는 편인데, 최근 내 기준으로 최악과 보통 그리고 최고 평가를 받은 3개의 면을 발견하게 되었다. 관찰하고 분석하기 좋아하는 나는, 이 서로 다른 3개의 면을 만드는 방법과 제조사를 살피기 시작했고 놀라운 사실을 하나 알게 되었다. 그건 바로 이 3개의 소면이 같은 회사에서 만든 제품이라는 사실이다.

    아는 사람(자세히 관찰한 사람)은 알겠지만, 한국에서 면을 대량으로 만드는 회사는 손에 꼽힐 정도로 적다. 회사 하나가 다양한 브랜드의 면을 각 기업의 요청에 맞게 하청을 받아 생산하기 때문이다. 내가 즐긴 3개의 소면이 서로 다른 수준을 보여주었던 이유는, 그 안에 들어간 시간이 달랐기 때문이다. 물론 재료의 차이도 있겠지만 메밀이 아닌 밀가루로 만든 면은 재료가 그리 중요한 역할을 하지 않는다. 결국 단가가 높을수록 더 많은 공정과 시간을 들여 만들기 때문에 맛도 더 좋을 수밖에 없다. 시간을 투자한 만큼 정확히 자신의 가치를 인정받는 면을 바라보며, 내 머릿속에는 우리가 살아가는 세상의 풍경이 펼쳐졌다.

"우리는 왜 시간을 투자한 만큼 가치를 인정받지 못하나?"

"왜 우리의 노력은 늘 허사로 끝나는 걸까?"

"시간을 투자한 만큼 결과를 내려면 어떻게 해야 하나?"

10여 년 전, 나는 매일 저녁 11~12시 사이에 잠들어 다음날 새벽 3시에 일어나 먼저 커피를 내리고 실내자전거를 타며 메모장이나 스마트폰으로 글을 썼다. 그렇게 원고지 15매 분량의 글 하나를 쓰면 어느새 2시간이나 지났고, 커피는 언제나 차갑게 식어 있었다. 시속 20km 이상의 속도로 페달을 돌리며 글을 썼지만, 치열하게 집중했기 때문에 2시간 내내 페달을 돌리는 나를 의식도 하지 못했다. 그런 방식으로 매일 책이 될 전체 원고의 60분의 1을 완성하고 실내자전거에서 내려와 식은 커피를 전자레인지에 넣어 다시 데워 차분하게 마신 후, 자전거를 타고 출근길에 나섰다.

10년 가까이 매일 새벽 6시에 회사에 도착해서 저녁 늦은 시각까지 열심히 일하기를 반복하며 살았다. 당시 나의 직장 생활을 한 줄로 압축하면 이렇다.

"월요일 새벽 6시를 기다리는 사람"

이게 과연 무슨 말일까? 직장에 다닐 때 나는 기획을 했다. 상대에게 맞는 기획을 해서 제안하는 것이 나의 일이었다. 내 철학은 분명했다.

"아직 자신도 모르고 있는, 그러나 세상이 열렬히 원하고 있는 그 사람의 가능성을 꺼내자."

쉬운 일은 아니었다. 그 자신보다 내가 그를 더 잘 알아야 할 수 있는 경지였으니까. 최대한 많은 시간이 필요한 일이었다.

그래서 내게는 그 시절 자연스럽게 만들어진 특별한 시간 활용법이 있다. 보통 직장인이 업체에 "이번 주까지 마감해서 전달하겠습니다"라고 말하면 아무리 늦어도 금요일 저녁 시간을 의미한다. 그리고 상대는 월요일에 출근해서 확인하게 된다. 그러나 내가 생각하는 이번 주는, 금요일이 아닌 월요일 새벽 6시였다. 어차피 상대는 월요일 아침에 확인하니, 새벽 6시까지 보내면 아무런 문제가 없기 때문이다.

그런 각종 노력을 쏟은 덕분에 높은 연봉에 최연소 부장까지, 승승장구하던 시절이었다. 주변 사람도 그리고 나도 밝은 미래를 의심하지 않았다. 그런데 예상과는 다르게 뭔가 답답한 마음이 내 일상을 침식하기 시작했다. 최대한 시간을 효율적으로 사용한다고 생각했지만, 이상하게 자꾸만 마음이 흔들려서 중심을 잡지 못했다.

"뭔가 잘못된 것 같아."

"이 길이 아닌 것 같은데."

주어진 일을 열심히 해냈지만, 그래서 제법 높은 연봉에 지위를 얻었지만, 자꾸만 불안하고 조마조마한 심정으로 살고 있다는 생각이 들 때, 우리의 선택은 둘 중 하나다.

- **일을 바꾸거나**
- **일을 그만두거나**

하지만 우리는 경험으로 이미 알고 있다. 일을 바꾸는 걸로 혹은 그만두는 걸로 답답하고 불안한 마음이 사라지지는 않는다. 아무리 근사해 보이는 새로운 일을 시작해도 불안한 마음은 사라지지 않고 다시 고개를 들어 가슴을 답답하게 한다. 나도 마찬가지였다. 나는 내게 뜨겁게 물었다.

"대체 이유가 뭘까?"

그러다가 비로소 깨달았다.

"시간이다. 그래, 내가 보낸 시간을 살펴보자!"

삶과 일에서 자꾸만 불안함을 느끼는 이유는, 일을 멈추거나 바꾸라는 것이 아닌, 삶과 일을 채우고 있는 '당신의 시간을 바라보는 태도'를 바꾸라는 신호이기 때문이다.

앞서 소개한 나의 10여 년 전 일상을 자세히 살펴보라. 나는 내가 보낸 시간을 마치 과학자처럼 철저하게 분해해서 연구하기 시작했다. 그리고 나의 인생을 바꿀 3개의 질문을 발견해서 치열하게 묻고 또 물었다.

"나는 언제 웃는가?"

"나는 언제 몰입하는가?"

"나는 무엇을 할 때 가장 만족하는가?"

질문이 명확해지자 답도 쉽게 고개 들어 나를 바라보며 말했다.

"왜 전업작가를 시작하지 않는 거야?"

그때다. 남들이 볼 땐 전혀 이성적인 선택이 아닌, 불안하고 또 위태롭게 느껴지는 전업작가의 삶을 시작한 것은.

사람들은 "당신이 사장인 것처럼 일하라"라는 말을 자주 한다. 물론 성향과 삶의 철학에 따라 "꼭 그렇게 살아야 하나?"라고 물을 수도 있다. 하지만 나는 누구나 자기 삶의 사장으로 사는 것이 아름다운 일이라고 생각한다. 세상이 정한 일과가 아닌, '스스로 정한 일과'에서 '나의 시간'을 창조할 수 있기 때문이다. 그래서 나는 가끔 자신에게 이런 이야기를 들려준다. 이것은 내게 매우 영광스러운 말이다.

"나는 나처럼 일하며 살아가는 사람을 만나고 싶다."

물론 나는 전업작가를 시작하며 퇴사 전 연봉을 받기 위해 무려 10년 정도의 시간을 보내야 했다. 하지만 문제는 돈과 지위가 아니었다. 내 안에는 이제 어떤 불안한 마음이나 두려움도 없다. 이제야 나만의 시간을 살고 있기 때문이다.

시간이 나를 쓰지 않고 내가 시간을 쓰며 살아가자, 인생이 완전히 변하기 시작했다. 나는 나의 현재와 미래를 두려워하지 않는다. 오히려 매일 새벽 3시에 일어나 그날 일어날 일을 기대하며 글을 쓴다. 그게 바로 우리가 시간을 대하는 태도를 바꿔야 할 이유의 전부다.

지금 당신이 보내는 시간을 철저히 관찰하고 연구해보라. 그리고 앞서 내가 나를 바꾸는데 사용한 3개의 질문을 치열하게 던져보라. 3개의 질문은 당신이 앞으로 무엇을 하며 살아야 하는지 알려줄 것이고, 질문에 답하며 보낸 시간은 당신이 살아갈 길을 보여줄 것이다. 그리고 당신도 이 문장을 가슴 깊이 이해하게 될 것이다.

"나는 나처럼 일하는 사람을 만나고 싶다. 아니, 세상이 정한 굴레에서 과감하게 벗어나 자신의 시간을 행복하게 살아가는 자기 시간과 삶의 주인을 만나고 싶다."

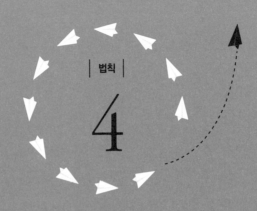

4

어떤 순간에도
말의 품격을 잃지 마라

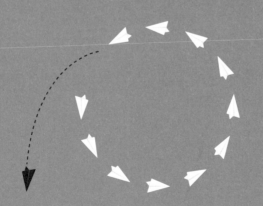

1

자신에게
진실하라

공간을 장악하는 능력이 아무리 뛰어나도 주인
이 감당할 수 없을 정도로 식당이 넓으면, 반드시 소외되는 공간이
생기기 마련이다. 모두 각자 가진 안목의 깊이와 넓이가 다르다.
자신이 감당할 수 있는 범위에서 벗어나, 한눈에 담을 수 없을 정
도로 커질 때 그 공간에 음식의 맛이 떨어져 매출 하락이라는 어둠
이 짙게 깔리기 시작하는 것이다.

내가 식당을 운영해본 경험은 없지만 이 사실을 아는 이유는 집
이라는 공간도, 독서라는 지적 행위도 모두 마찬가지 원리로 움직

이기 때문이다. 넓은 집을 모두 감당할 안목이 없는 사람이 있는 집은 제아무리 넓어도 쓸쓸하고 차가운 기운이 감돈다. 주인이 공간 곳곳에 신경을 쓰지 못하기 때문이다.

독서도 마찬가지다. 누군가 추천한 책이나 좋다는 고전을 아무리 많이 읽어도 변화가 이루어지지 않는 이유는, 문장이라는 지적 공간 곳곳에 시선을 줄 만큼 문해력이 뛰어나지 않기 때문이다. 사람에게는 자신에게 딱 맞는 공간과 책이 있다. 거기에서 시작해 하나하나 조금씩 넓혀가는 것이 바로 성장이다. 그래서 우리는 변화를 위한 최소한의 언어 감각을 끌어올릴 필요가 있다. 개념이 잡히지 않는 단어는 일상에서 아무리 실천해도 헛도는 기어처럼 삶에 아무런 영향을 미칠 수 없기 때문이다.

언어 감각을 끌어올리기 위해서는 글과 삶이 일치해야 한다. 그런데 이 단순한 원리가 일상에서는 쉽게 이루어지지 않는다. 글을 빠르게 혹은 쉽게 쓴다고 그것이 언어에 능통하다는 사실을 증명하는 것은 아니다. 높은 언어 감각의 소유자는 문체가 화려한 사람이 아니라, 진실하게 자기 생각을 말과 글로 표현할 수 있는 사람이다. 말이나 글이 삶과 일치하지 않는 사람들은 이런 표현을 자주 한다.

"오늘 강의하는 날인 줄 알았는데 내일이었네. 갑자기 행복해지네, 술 마시고 즐겁게 놀자."

"아, 고객과 약속한 게 오전이 아니라 오후였구나. 그전까지는 좀 마음 편하게 지낼 수 있겠다."

책에는 '강의하는 게 행복해요.', '고객은 사랑입니다'라고 쓰는 사람이, 정작 일상에서 혹은 SNS에 이런 식의 글을 남기면서 강의하는 일상이 불행이며, 고객과의 만남이 피하고 싶은 부담스러운 일이라고 말한다면, 대체 이걸 어떻게 받아들여야 하나?

자신이 사랑하지 않는 것을 마치 사랑하는 것처럼, 이해하지 못한 것을 이해한 것처럼 가공해서 쓴 글에는 아무런 가치가 없다. 그런 글은 그럴듯하게 보이기만 할 뿐, 안에 귀한 가치를 담지 못했기에 작은 바람에도 흔들려 날아가 사라지기 때문이다.

자신도 살기 싫은 인생을 글로 써서 그 책이 팔리기를 바라거나 누군가에게 감동을 주기를 바라는 것은 심각한 착각이거나 과한 욕심이다. 자신도 할 수 없는 것을 남에게 권하고, 자신도 아끼지 못하는 것을 남이 아끼기를 원하는 것은 애초에 기준조차 어긋난 것이기 때문이다. 그런 상태에서는 어떤 변화도 기대할 수가 없다. 시작부터 모든 것이 가짜이기 때문이다. 그래서 변화하고 싶다면 반드시 삶과 언어가 일치하게 만들어야 한다.

물론 처음부터 일상을 가장 좋은 걸로 채우기는 힘들다. 그러나 하나하나 배제하고 삭제하며 조금씩 가장 좋은 형태로 만들어나

가면 그리 어려운 일도 아니다. 사랑하지 않는 일을 하면서 사랑한다고 포장하면 순간적으로 인기와 돈을 벌 수는 있지만 그건 무엇보다 소중한 자신을 갉아먹는 일이다. 자신의 마음을 칼로 잘라 팔고 그 대가로 많은 돈을 번다고 해도 그게 무슨 소용이 있나? 마음이 사라지고 있는데.

정기적으로 자신을 돌아보라. 말과 글이 일치하지 않는 부분을 찾아 수정하자. 사랑하지 않는 일을 아예 하지 않고 살아갈 수는 없지만, 그래도 하나하나 줄여나가자. 결국 우리는 자신의 행복을 위해 사는 거니까. 자신에게 가장 소중한 것과 사랑하는 것만 남기자. 그럼 미래를 걱정할 필요가 없다. 그런 사람이 만든 제품과 글이 세상에 나왔을 때, 결코 세상과 사람들은 그것을 외면할 수 없을 것이다.

500원을 넣으면 생수가 나오는 자판기 앞에서 콜라나 과일음료가 나오지 않는다고 불평하는 사람이 있다면 당신은 어떤 생각이 들겠는가? 아마도 그를 미련하다고 생각할 것이다. 생수만 나오는 자판기에는 아무리 많은 돈을 넣어도 다른 음료는 나오지 않는다.

자신을 돌아보라. 어제와 같은 하루를 살면서 다른 내일을 꿈꾸는 일상, 말과 다른 일상을 보내면서 말처럼 되기를 바라는 마음, 이런 상태라면 변하는 것이 오히려 이상한 게 아닐까? 당신이 원하는 것이 나오는 자판기는 언어와 삶을 일치시켜야 만날 수 있다. 그러니 지금 당장 언어와 삶의 간극을 좁혀라. 세월과 세상의 명령으로 어쩔 수 없이 변화해야 할 상황이 오기 전에. 그리고 자신에게 진실하라. 그것이 아름다운 인생을 살기 위한 완벽한 변화의 시작이다.

2

혼란한 세상에
맞설,
지성인의
7가지 언어 태도

변화는 아름답고 귀하지만 우리가 자꾸만 실패하는 이유는 변화를 이끌 말의 주인으로 살지 못해서다. 우리는 모두 자신이 내뱉은 말의 주인이라고 착각하지만, 대개의 경우 말의 주인이 아닌 노예로 살게 된다. 내뱉은 말을 지키기 어렵기 때문이다.

더 자세하게 말하면 건강한 지성을 유지하기 힘들기 때문이다. 그래서 나는 지성을 아무에게나 요구하지 말라고 강조한다. 자기 언어의 주인이 되어야 비로소 가질 수 있는 귀한 가치라서 그렇다. 세상이 혼란해지면 자연스럽게 삶에도 변화가 찾아온다. 그때 지성인은 언어를 통해 삶의 중심을 잡고 변화를 주도적으로 이루어나간다. 그래서 내가 정의한 지성인은 많이 아는 사람이 아니라, 자기 말과 행동의 주인으로 사는 사람이다. 다음 7가지 원칙을 일상에서 철저하게 지키며 살면 그런 삶에 가까이 다가갈 수 있다.

1 | 타인의 불행을 자신의 행복으로 여기지 마라.

삶이 혼란해지면 지성이 달아난다. 자꾸만 자신의 행복을 밖에서 찾으려고 하기 때문이다. 내가 나아져야 하는데, 남이 잘못되는 것에 위안을 받게 된다. 타인의 불행을 자신의 행복으로 여기지 마라. 그대 자신에게 어떤 이득이 생길지라도, 최소한 타인을 불행하게 하는 선택은 하지 말자. 우리는 늘 기억해야 한다.

"어떤 이득도 눈물 앞에서는 의미를 잃는다."

2 | 모든 창조성은 기적적인 실천에서 나온다.

누군가에게 무언가를 배우는 일은 그리 대단한 것이 아니다. 10개의 지식을 배우기보다는 하나의 지식을 실천할 10개의 방법에 대한 사색을 즐기는 것이 지성인이 되는 핵심원칙이기 때문이다. 그것을 실천할 방법을 찾는 것에 비하면, 배우는 일은 차라리 기계적인 동작이라고 볼 수 있다. "뭘 또 배울까?"라는 말은 조금만, "배운 것을 어떻게 실천할까?"라는 말은 자주 사용하자.

"무언가를 실천하며 우리는 창조성을 얻는다."

3 | 가치를 발견하면 믿음을 키울 수 있다.

지성은 혼자의 힘으로만 가질 수 있는 가치가 아니다. 그 공간에 사람이 있어야 빛이 난다. 우리에게 필요한 건은 믿음이다. 누군가를 판단할 때, 당장 믿을 수 없는 사람이라고 단정하지 말자. 믿지 못할 부분을 지적하기보다는, 믿을 구석을 발견하려고 노력하자. 믿음은 멈추지 않는 신념이자 관찰의 결과다. 이를 통해 우리는 사람도 얻고 대상을 바라보는 안목도 깊어진다.

"계속 바라봐야 보이지 않는 부분을 볼 수 있다."

4 | 현실에 적용이 가능해야 지성이다.

현실에 적용하지 못하는 지성은 허상이다. 가장 작은 단위에서 하나하나 조금씩 범위를 확대하는 게 좋다. 이를테면 "내가 나를 바꾸는 이유는 조국을 위해서야"라는 말은 너무 큰 욕심이다. 가장 가까이 있는 사람에게 도움을 주려는 마음이 시작이다. 당신의 변화와 혁신이 옆에 있는 사람에게도 도움을 줄 수 있다면, 조금씩 확대되어 결국 더 많은 세상에 전해질 수 있는 거니까.

"현실이라는 땅에 발을 딛고, 하늘의 별을 바라보라."

5 | 모든 사물에서 생명을 느껴라.

지성인이 강한 힘을 발휘하는 이유는 주변 모든 곳에서 영감을 발견하기 때문이다. 그래서 그들은 어떤 혼란한 세상에서도 자신을 도울 영감을 발견해 더 자유로운 세상으로 이동한다. 그 힘의 핵심은 생명을 향한 시선에 있다. 생명은 대상이 부여하는 것이 아니라, 이미 그곳에 있는 것을 느끼는 것이다. 늘 생명을 바라보라. 지성인의 삶은 이 세상에 내가 아닌 다른 생명도 존재한다는 것을 인지하며 비로소 시작한다.

"생명이 삶의 자본이다."

6 | 스스로 자신을 치료한 경험이 곧 지적 자산이다.

실천한 적이 없으면서 안다고 하지 말고, 아픈 적이 없으면서 치료법이 있다고 말하지 말자. 이것은 매우 중요하다. 스스로 해본 적이 없으면 제대로 알 수 없기 때문이다. 그리고 고통을 반겨야 한다. 배우고, 실천하면 반드시 합당한 고통이 따른다. 모든 지혜는 고통의 시간에서 아주 조금씩 흘러나온다. 그러므로 일상에서 "오늘도 너무 힘들다"라는 말은 자제하고, "오늘은 또 어떤 근사한 일이 생길까?"라는 경험을 반기는 언어를 사용하는 게 좋다.

"우리는 아픈 만큼 세상 한구석을 더 이해할 수 있다."

7 | 그리고 영원히 사랑하라.

어디에서든 사랑을 강조한다. 이유가 뭘까? 나는 분명히 그 이유를 밝힐 수 있다. 우리가 지금이라도 당장 뛰어들어가 사랑에 빠져야 하는 이유는, 사랑은 모든 지성인이 갖춰야 할 기본 덕목이지만, 그것은 배울 수 있는 것이 아니기 때문이다. 그러나 오직 하나, 사랑에 빠졌을 때만 사랑을 배울 수 있다. 그러니 사랑하라.

사랑하는 자의 오늘은 어제와 다르다. 사랑이 그 사람을 현실에 안주하도록 가만 놔두지 않기 때문이다. "더 사랑스러운 햇살이네", "글씨가 사랑스럽다"라는 식으로 일상에서 사소하다고 생각한 부분에도 사랑의 언어를 녹여내자.

"우리는 사랑하는 사람에게만 배울 수 있다."

직장에 다닐 때 업무의 세부적인 방식이 아닌, 단순하게 사람과 엮이는 일에서 극심한 스트레스를 받아서 사표를 낸다면, 세계 어떤 직장에 가도 마찬가지로 다시 사표를 쓰게 될 것이다. 세상에는 환경을 바꿔서 해결할 수 있는 문제도 있고, 자신을 바꾸지 않으면 영원히 풀 수 없는 문제도 있다. 그래서 한 직장에서 오래 머물지 못하고 자꾸만 이직을 반복하는 사람이 꼭 있고, 그들의 그런 행동은 쉽게 바뀌지 않는다. 이직으로 해결할 문제가 아닌, 자신을 바꿔 해결할 문제이기 때문이다.

언어가 꼭 그렇다. 아무리 열심히 자신을 바꾸려고 노력해도 바꾸지 않는 이유는 언어가 여전히 과거의 자신에게 머물러 있기 때문일 가능성이 높다. 앞에 나열한 7가지 지성인의 언어 태도를 통해 정체된 삶을 조금씩 바꿔 나가자.

3

언어는
모든 것을
알고 있다

언어는 자신을 위한 것이기도 하지만 완벽한 변화를 위해 필요한 타인을 짐작하고 파악하는 수단의 기능도 가지고 있다. 우리의 변화는 때로 자신의 잘못이 아닌, 사람을 잘못 판단해서 혹은 믿지 못할 사람을 믿어서 생기기 때문이다. 멋지게 변화에 성공하려면 언어를 통해 타인을 짐작하고 꿰뚫는 안목을 가지는 게 좋다. 자, 몇 가지 예를 들어 설명해보겠다.

어떤 불미스러운 일이 생겼을 때, 이렇게 말하며 자신의 고충을 토로하는 사람이 있다.

"모든 것을 내려놓는다."

그러나 그의 지치고 힘든 표정은 철저히 포장된 것이다. '내려놓는다'라는 말은 시기를 봐서 때가 되면, 언제든 다시 '줍겠다'라는 뜻이기 때문이다. 어떤 상황이든 언어를 자세히 들여다보면 그 사람의 본심과 사건의 본질이 보인다. 아무리 숨기려고 해도 언어라는 증거는 언제나 거짓을 말하지 않기 때문이다.

마찬가지로 불미스러운 일이 생겼을 때, 이렇게 말하며 반성하는 모습을 보여주는 사람도 있다.

"모든 활동을 중단한다. 은퇴하겠다."

특이점은 은퇴한다는 발표문이 매우 길다는 점이다. 또 하나의 특징은 상업적으로 운영하던 유튜브나 SNS를 중지시키거나 혹은 콘텐츠를 없애지 않는다는 점이다. 긴 입장문과 은퇴 그리고 없애지 않는 SNS는 비언어적인 부분이라고 볼 수 있으며, 감성을 자극해 곧 '복귀' 시점을 잡겠다는 의지를 증명한다. 정말로 사라지는 사람은 사라진다고 말도 하지 않는다. 말이 길어지고 하나도 버리지 못하는 모든 상황은, 그걸 다시 시작하겠다는 '강력한 언어'라는 것을 증명한다.

또한, 주변에 시비가 끊이지 않는 사람이 있다. 그는 입으로는 자신의 철학과 순수한 의도를 말하지만, 그럼에도 그런 시비가 끊이지 않는 이유는 매우 간단하다. 그가 그런 시비를 활용해서 그 자리에 오른 사람이기 때문이다. 그 자리에 거짓으로 오른 사람은 거짓이 들통나서 내려가고, 허풍으로 오른 자는 바람이 빠져 내려가는 것이 삶의 원칙이며 변하지 않는 이치다. 자기만의 철학과 원칙으로 승부하는 자에게는 시비와 분쟁이 생기지 않는다. 그는 세상이 아닌 자기 자신과 싸우는 사람이기 때문이다.

자신에게 좋은 영향을 주는 사람을 만나기 위해서는 특별한 안목이 필요하고, 이를 위해서 내가 추천하는 방식은 바로 경청이다. 경청은 말처럼 쉬운 행위가 아니다. 이 과정을 이해하려면 말이 오가는 상황에 대한 이해가 필요하다. 우리는 보통 상대가 하는 말은 귀로 듣지만, 자신이 하는 말은 목구멍으로 듣게 된다. 여기에 우리가 어떤 방법으로 지성을 추구해야 하며, 어떤 자세로 언어를 다루어야 하는지에 대한 해답이 있다.

경청이 중요한 이유는 상대의 이야기를 귀로 들어서 안에 담아야 하기 때문이며, 실천이 중요한 이유는 내 안에 들어온 그것을 일상에서 행하며 깨달은 것만 목구멍을 통해 말할 수 있기 때문이다. 귀로 들어온 모든 서로 다른 형태의 지식을 일상이라는 틀에 넣어 씹고 소화한 후에야 우리는 비로소 하나의 의미를 담아 목구멍으로 내보낼 수 있다. 그렇게 목구멍을 통해 그간 우리가 실천하며 깨달은 사실을 확인할 수 있다.

괴테는 매우 강력한 음성으로 이렇게 말한다.

"세상은 죽이나 잼으로 만들어져 있지 않다. 그러니 게으름 피우지 말고 딱딱한 것들을 두려움 없이 씹어야 한다. 목에 걸려버리든가, 소화해내든가 둘 중 하나를 선택해야 한다."

그가 다양한 분야에서 활동하는 사람들과 만나 '식탁대화'를 나누며, 말하기보다 듣기를 실천했던 이유가 바로 거기에 있었다. 대가의 지성은 언제나 단단하고 굳은 것들에 의해 단련된다. 귀로 들어온 그 단단하고 투박한 것들을 '이(teeth)'로 씹고 뜯고 분해해서 소화한 자만이 목구멍으로 내보낼 수 있는 것이다.

당신의 지문처럼 세상에 하나밖에 없는 존재로 살고 싶다면, 귀로 듣고 목구멍으로 나가는 당신의 말을 소중하게 생각하며 그 과정에 전력을 다하라. 그것이 바로, 당신의 삶이 남긴 온기와 깊이를 증명할 것이다.

4

자신의 언어를
발견하고
장악하라

인간은 보통 자신의 삶을 더는 참기 힘들어지면 변화를 촉구한다. 문제는 그것이 내부가 아닌 외부로부터 이루어지기를 기대한다는 사실이다. 자신의 삶을 원하는 대로 바꾸려면 당연히 자신의 태도를 먼저 개선해야 하는데 그런 식의 생각은 결국 하지 않는다. 아니, 그런 생각이 떠오르지 않는다는 것이 더 정확한 표현일 것이다. 누구나 자신의 태도를 바꿔야 자신의 삶을 원하는 대로 개선할 수 있다는 사실은 알고 있지만, 그것이 이루어지지 않는 이유는 "어떻게 하면 그렇게 할 수 있는가?"에 대한 구체적인 답이 떠오르지 않기 때문이다.

그 사람이 사용하는 언어를 보면 그가 일상을 대하는 태도를 알 수 있다. 더 정확하게 말하자면, 자기 자신도 모르게 숨겨져 있는 뼛속에 새겨진 글자까지 모조리 알 수 있다. 사람은 결국 자신이 인지한 대로 움직이는 것이 아니라 자신도 모르게 내재된 몇 개의 언어로 움직이며, 그로 인해 자신이 부른 미래를 맞이하는 것이기 때문이다. 그래서 더욱 숨겨진 자신의 언어를 발견하고 장악하는 일이 중요하다.

그 멋진 결과를 만나기 위해 가장 먼저 해야 할 것은 현재에 집중하려는 강한 의지를 갖는 일이다. 현재를 장악해야 언어를 장악할 수 있다.

"반응이 좋지 않으면 어쩌지?"

"원하는 결과가 나오지 않으면 어쩌나?"

"내가 지금 아이를 제대로 키우고 있는 걸까?"

이렇듯 일상을 살다보면 자신을 괴롭히는 온갖 불안한 감정과 만나게 된다. 아무리 긍정적인 마음을 갖고 살아도 불안한 마음을 잠재우는 일은 쉽지 않다. 왜 우리는 불안한 감정을 자주 느끼는 걸까?

근원에 다가가면 원인을 발견할 수 있다. 무언가 불안한 이유는 그것이 선명하지 않기 때문이며, 선명하지 않은 이유는 그것이 아직 오지 않은 미래의 일이기 때문이다. 여기에 살면서 자꾸만 그곳을 생각하니 불안해진다. 일단 그런 상태에서 벗어나려면, 이런 식의 질문으로 자기 자신을 현실에 붙잡아두는 시도를 해야 한다.

"나는 왜 현재에 살면서 알 수 없는 미래의 어느 순간을 생각하는가?"

현실에 집중하려는 의지를 강하게 다졌다면, 이제 당신 내면 깊숙한 곳에 숨겨져 있는 단어를 하나하나 발견해보자. 내밀한 자신의 소리를 들을 수 있어야 변화를 주도할 수 있기 때문이다. 다음세 문장을 입으로 발음하며 천천히 또박또박 읽어보라.

"나는 초밥을 좋아한 적이 없다."

"나는 거의 초밥을 좋아한 적이 없다."

"나는 실제로 초밥을 좋아한 적이 없다."

어떤 차이가 느껴지는가? "나는 초밥을 좋아한 적이 없다"라는 문장은 솔직하다. 더 수정하거나 생각할 필요가 없는 선명한 생각이 녹아 있는 글이기 때문이다.

그러나 "나는 거의 초밥을 좋아한 적이 없다"라는 문장은 조금 다르다. 사는 내내 싫어한 것은 아니고, 때때로 좋아했던 순간도 있고 기분이나 상황에 따라서는 생각나는 음식이라는 의미를 담고 있다. 얼마든지 변수가 나올 수 있는 의견이다. 그렇다고 그 문장이 틀리거나 나쁘다고 말하는 것은 아니다. 다만 '거의'라는 표현을 자주 사용하는 사람은(자신은 잘 모르겠지만) 늘 변수가 많고 기분에 따라 자주 마음이 흔들리는 사람이라고 볼 수 있다.

그리고 마지막 "나는 실제로 초밥을 좋아한 적이 없다"라는 문장은 이해할 수 없는 문장이다. '실제로'라는 부사는 여기에서 어떤 역할도 하지 않는 굳이 쓸 필요가 없는 표현이기 때문이다. 좋거나 싫거나 둘 중 하나만 선택하면 되는데 '사실은'이라는 부사를 사용한 이유는(이것 역시 본인은 잘 모르겠지만) '나는 솔직하고 거짓을 말하지 않아'라는 인상을 상대에게 주려는 의도를 갖고 있기 때문이다. 이들은 대개 믿기 힘든 사람들이다. 스스로 사실을 말하고 있다면 굳이 그럴 필요가 없기 때문이다.

내가 왜 이런 이야기를 하는 걸까? 자신이 사용하는 언어를 장악하려면 자신이 어떤 사람인지 먼저 알아야 하기 때문이다. 평소 당신의 언어 습관에 대해 주변 사람들에게 물어보라. 혹시 당신이 '사실은'이라는 부사를 자주 사용하고 있다고 해도, 내 말에 전혀 상처를 받거나 기분 나쁠 이유는 없다. 오히려 기뻐하는 게 맞다. 일은 잘하고 있지만 주변의 신뢰를 얻지 못한 이유, 진심을 다해 사랑하고 있지만 늘 거절당하는 이유가 바로 당신도 몰랐던 언어 습관에 있었을 가능성이 높기 때문이다.

의식적으로 그 표현만 삶에서 제외하면 당신은 어제보다 더 나은 오늘을 살아갈 수 있다. 얼마나 간편하고 생산적인가. 부사 하나만 빼면 인생을 바꿀 수 있으니!

5

받아본 적이
없어서
내게 선물하지
못하는 말들

'예민하다'는 말과 '섬세하다'는 말은 거의 비슷하게 쓰인다. 다만 그 말의 차이를 아는 사람에 의해 다르게 쓰일 뿐이다. 바닥에 흘린 커피를 충분히 닦았음에도 다시 한 번 더 닦는 사람에게 누군가는 예민하다고 말하지만 다른 누군가는 섬세하다고 표현한다. 같은 상황이지만 선택한 표현에 따라 듣는 사람의 기분이 달라진다. 세상에 '예민하다'는 말을 좋아하는 사람은 별로 없으니까.

이렇게 같은 말도 어떤 방식으로 전하느냐에 따라 최악의 비난으로 들릴 수도, 혹은 최고의 선물처럼 들릴 수도 있다. 문제는 약간의 차이다. 하지만 그 사소한 차이를 해결하는 게 왜 이렇게 힘든 걸까? 왜 늘 지친 자신에게 최악의 언어를 사용해서, 아픈 상처에 소금을 뿌리는 걸까? 왜 스스로 자기 내면에 흉터를 새기는 걸까?

이유는 간단하다. 그런 아름다운 언어와 표현을 받아본 적이 없기 때문이다. 늘 '예민하다'는 말만 들었지, '섬세하다'는 기품 있는 표현은 들어본 적이 없어서다. 삶이라는 전쟁터에서 언어를 마치 죽고 죽이는 총처럼 쏘고 미사일처럼 날리기만 했기 때문에, 안타깝게도 아름답고 따스한 말이 어떤 것인지 잘 모른다. 싫어서 자신에게 주지 못하는 것이 아니라, 그 언어와 표현이 내 안에 없어서 선물하지 못하는 것이다.

받아본 적이 없어서 자신에게 선물하지 못하는 말들 중 대표적인 4개의 표현을 골라봤다. 슬픈 일이 생기거나, 고통스러운 시간을 보내야 할 때, 이 말을 떠올리며 자신에게 가장 아름다운 언어와 표현을 선물하자. 그래야 모든 변화의 갈림길에서 중심을 제대로 잡고 나갈 수 있다.

1 | 나는 잘 되고 있다.

언제나 최선을 다해 '긍정'을 확신하라. 이것은 과장이 아니라 자신을 향한 믿음의 증거다. 스스로 믿지 못하는 사람을 대체 누가 믿어 주겠는가. 모두가 돌아서도 당신만은 여전히 자신을 믿고 기다려야 변화에 성공할 수 있다. 그래서 필요한 것이 '언젠가 잘 될 거야'라는 말이 아닌, '지금 잘 되고 있다'라는 긍정의 확신이다. 자신의 빛을 믿어라. 가능성이라는 날개는 거기에서 돋아난다.

2 | 나는 내 덕분에 잘 살고 있다.

받은 은혜를 잊고 살면 나중에 벌을 받는다는 말을 자주 한다. 사람이라면 누군가에게 받은 은혜를 잊지 않고 기억해야 한다. 그런데 왜 우리는 자신에게 가장 많은 사랑과 관심을 주면서도 남에게 받은 은혜에만 그렇게 많은 관심을 두며 살고 있을까? 지금이라도 자신을 공들여 사랑하고, 공들여 하나하나 만든 현재의 가치를 잊지 말자. 우리는 모두 '내 덕분에 잘 살고 있다'라는 사실을 기억해야 한다. 그래야 나라는 존재가 세상에 홀로 당당히 설 수 있다.

3 | 나는 내가 보낸 시간을 존경한다.

길에 아무리 많은 돈이 떨어져 있어도, CCTV나 지켜보는 사람이 없어 가져가도 아무런 상관이 없어도, 나는 그 유혹에서 나를 지킬 수 있다. 많은 돈과 높은 지위 등 인간을 유혹하는 많은 것들을 단숨에 거절할 수 있는 힘은, 그런 사소한 것에 나를 잃을 만큼 사소한 인생을 살아오지 않았다는 믿음에서 나온다. 자신이 보낸 시간을 스스로 존경하는 만큼, 우리는 세상이 보낸 온갖 유혹에서 자유로울 수 있다. 유혹은 변화를 막는 가장 큰 적이다. 그러니 누군가에게 고개를 숙이는 삶에서 벗어나, 자신에게 '존경'이라는 선물을 하라. 당신 자신도 당신을 위해 참 열심히 살아왔으니까.

4 | 나만 나처럼 살 수 있다.

비교는 인간을 비참하게 만드는 최악의 수단이다. 그 최악의 수단을 자기 자신을 망치는데 사용하지 말자. 변화가 제대로 이루어지지 않는 어떤 최악의 순간에서도 그것만은 피해야 한다. 비교하지 않는 인생을 살고 싶다면 '나는 누구와도 비교할 수 없는 존재다'라는 의식이 필요하다. '이 세상에 태어나 오직 나만 할 수 있는 일을 하며 살고 있다'라는 생각을 잠시도 잊지 말자. 나만 나처럼 말할 수 있고, 나만 나처럼 생각할 수 있다. 그건 무엇과도 바꿀 수 없는 숭고한 가치다. 그러니 당신의 생각과 가치를 흔들림 없이 끝까지 밀고 나가라. 당신에게는 그럴 만한 가치가 충분히 있다.

언어는 영혼에 주는 가장 효과가 좋은 보약이다. 자신에게 가장 나쁜 언어와 표현을 선물하는 것은, 내면을 쓰레기장으로 만드는 일이다. 누구나 자신의 가치를 스스로 정할 수 있다.

당신이 세상에서 가장 아름답게 빛날 수 있도록

가장 귀한 언어만 자신에게 주어라.

타인의 삶에 자극받는 일상에서 벗어나

그대 자신의 삶에 박수를 보내라.

6

감사에
능하라

하루는 파리의 거리를 걷고 있는 내게, 한 미국인 연인이 다가왔다. 카메라를 들고 있는 것으로 봐서 사진을 찍어 달라는 부탁을 하려는 것 같았고, 약간 귀찮은 마음이 든 게 사실이다. 관광객이 많은 파리에서는 워낙 빈번히 일어나는 일이라, 나는 그 자리를 피하고 싶다는 표정으로 그를 맞이했다. 그러나 그런 나의 반응이 극적으로 변하는 데는 그리 오랜 시간이 필요하지 않았다. 내게 다가온 그는, 환하게 웃는 얼굴로 카메라를 들어 보이며 이렇게 말했다.

"내가 잠시만 당신의 시간을 빌릴 수 있을까요?"

'아, 이건 대체 무엇인가?'

세상에 이렇게 멋진 표현으로 사진을 찍어달라고 부탁하는데, 내가 어찌 시간을 빌려주지 않을 수가 있을까. 아마 정말 바쁜 일이 있어서 급하게 이동해야 했을지라도, 나는 그의 요청을 거절하지 못하고 어떻게든 시간을 내서 사진을 찍어주었을 것이다. 그날 나는 두 사람의 모습이 가장 잘 나올 때까지, 마치 면접에 쓸 내 사진을 찍는 것처럼 이리저리 위치까지 바꾸며 그야말로 최선을 다해 셔터를 눌렀다.

하루는 밤늦은 시간 지인에게 메시지가 하나 왔다. "행복하세요?"라는 짧은 글이었다. 너무 늦은 시각에 그것도 오랜만에 온 메시지가 우울한 느낌이라, '이 사람에게 뭔가 불행한 일이 있나?'라는 생각에 나는 바로 이렇게 답신을 보냈다.

"당연히 행복하죠, 이렇게 당신에게 메시지가 왔으니까요."

그러자 그에게 바로 이런 메시지가 왔다.

"사실 기분 나쁜 일이 있었는데, 작가님 메시지 한 줄에 마음이 갑자기 예뻐졌어요. 저라는 존재가 소중해진 기분입니다. 정말 감사합니다."

하나는 내가 받은 말이고, 또 하나는 내가 전한 말에 대한 이야기다. 두 사례를 읽으며 당신은 어떤 생각을 해봤는가? 사람의 말은 쉽게 변하지 않는다. 그게 바로 우리가 쉽게 변하지 않는 이유이자, 인생이 바뀌지 않는 결정적인 이유다. 무슨 말만 하면 꼬투리를 잡고 부정적으로만 바라보려는 사람도, 어떻게든 상대를 이기려고 기를 쓰는 사람도 있다. 그러나 그런 방식의 언어로는 자신의 삶을 귀하게 바꿀 수 없다. 변화는 혼자 이룰 수 있는 것이 아니며, 그런 방식의 말로는 주변의 좋은 기운을 끌어당길 수가 없기 때문이다.

그러나 최대한 긍정적으로 그리고 누구보다 예쁘게 말하려고 노력해도 그게 쉽게 생각처럼 되지 않는다. 늘 성급한 사람은 매번 서두르고, 늘 날카롭게 말하는 사람은 언제나 듣기만 해도 마음이 잘릴 것처럼 아픈 말을 한다. 백 번 생각하고 한 번 말하겠다 결심해도, 결국 나오는 대로 말하고 또 후회한다. 온기를 전하는 대화는 정말 쉽게 이루어지는 것이 아니다.

나는 주변에서 늘 좋은 마음을 전하고 모든 기운을 담아가는 사람들의 언어를 관찰하며 그들이 '감사'에 매우 능하다는 사실을 알게 되었다. 우리의 일상을 한 번 살펴보자. 조금만 SNS를 둘러봐도 '감사'에 대한 콘텐츠가 참 많다는 사실을 알게 된다. 일상에 어떤 일이 생겨도 그것을 자기 삶에 대한 감사로 연결하는 방식인데, 나도 마찬가지로 감사를 일상에서 실천하고 있지만 보통의 방식과 조금 다르다. 나는 내게 주어진 것이 아닌, 내게 애정을 준 사람들에게 감사를 전한다. 스스로 자신에게 감사를 하는 것이 아니라, 감사할 것을 내게 준 사람들에게 고마운 마음을 전하는 것이다.

예를 들면 이렇다. 나는 인스타그램에서 매일 하루 10분 정도는 피드를 둘러보며 내 책을 주제로 포스팅을 한 분들의 글에 '좋아요'를 누르거나 "읽어 주셔서 감사합니다"라는 식의 댓글을 쓰기도 한다. 정말 잘 읽어 주신 분의 경우에는 가끔 먼저 팔로잉을 하기도 하는데, 상대가 계정을 개인적인 용도로 쓰는 경우에는 부담스럽게(?) 느낄 수도 있어 조금은 조심스럽다. 하지만 그럼에도 그게 고마운 내 마음을 전하는 일이니 약간의 오해받을 각오를 하며 실천한다.

그러나 이것 하나만 기억하면 조금은 쉽게 따스한 마음을 전할수 있다. 지금 막 시작하는 연인을 대하듯, 모든 사람에게 늘 사랑하는 마음을 전하는 것이다. 상대를 나의 언어로 포근하게 안아준다고 생각하며 다가가자.

언제나 그렇지만, 내가 먼저 사랑을 시작하면 모든 게 편안하게 이루어진다. 모든 어려운 일을 쉽게 만드는 것은, 세상에 오직 하나 사랑뿐이다.

7

원하는
미래를
말하라

대문호 괴테는 언어가 가진 힘과 능력을 매우 강하게 믿었던 사람이다. 언어의 힘을 믿지 못하는 사람들에게, 그는 매우 강렬한 표정으로 이렇게 말했다.

"내 말에는 아주 강력한 힘이 있지. 만약 하늘에서 별이 떨어졌다면, 그건 바로 내가 그것을 원했기 때문이라네!"

어떤가? 그는 실제로 자신의 언어에 대한 믿음의 힘으로, 열 명이 살아도 해낼 수 없는 일을 최고 수준으로 완성한 삶을 살아냈다. 그는 수많은 베스트셀러를 썼고, 자연과학, 광학, 연극, 그리고 바이마르 공국의 국방과 경제, 예술 분야까지 책임지며 살았다. 내게도 괴테처럼 좋은 기운을 부르는 언어 습관이 있다. 그래서 극적인 변화를 원하는 모든 사람에게, 나의 아침 습관을 소개하고 싶다. 나는 언제나 아침에 눈을 뜨면, 내가 할 수 있는 가장 좋은 생각을 하면서 일어난다.

"오늘은 어떤 좋은 소식이 나를 기다리고 있을까?"

그리고 메일을 확인하고 전화를 받을 때마다 '이번에는 또 어떤 설레는 소식이 나를 찾아온 걸까?'라고 생각한다. 아무리 안 좋은 상황에 놓여 있어도, 가장 좋은 상황만 생각하며 일상을 즐긴다. 어렵지 않다. 다음 3단계 과정을 통해 우리는, 불가능한 상황을 가능하게 만들 표현을 창조할 수 있다.

1 | 자신이 일상에서 주로 하는 말을 관찰하라.

먼저 자신의 현재를 제대로 파악해야 한다. 세상엔 참 다양한 종류의 사람이 있고, 그들은 쉽게 자신의 성향을 버리지 못한다. '부정적인 말만 하는 사람', '현실을 증오하는 사람', '타인을 향한 미움으로 가득한 사람'은 결코 자기 삶에서 가능성이라는 빛을 볼 수 없다.

말은 내가 부르는 세상이다. 어떤 현실보다 무서운 사실은, 우리는 결국 자신이 말한 대로 살게 될 거라는 것이다. 하지만 말은 무의식적으로 나오기 때문에 자신도 어떤 종류의 말을 하고 사는 지 잘 모를 때가 많다. 그래서 습관을 바꾸려면 주변 사람에게 묻거나 혹은 자신의 말을 녹음해서 들어보는 게 좋다. 아마 녹음한 소리를 들으며 '내가 이런 말을 하고 살았다는 거야?' 하며 새로운 사실을 알게 될 가능성이 높다. 그리고도 시간이 허락한다면 가장 자주 쓰는 단어를 노트에 적어 관찰하라. 거기에 앞으로 당신이 살 게 될 세상이 보일 것이다.

2 | 내가 아는 가장 좋은 세상을 부르자.

나는 25년 넘게 글을 쓰는 동안 수많은 사람과 인연을 맺고 관찰하며, 같은 상황에서 같은 일을 시작해도 이상하게 승승장구하는 사람들의 존재를 알게 되었고, 그들의 공통점을 하나 발견했다.

"자주 쓰는 말과 글이 비슷하다."

여기에서 우리는 이런 힌트를 얻을 수 있다. 쓰는 말과 글을 바꾸면, 인생도 말하는 습관에 따라 저절로 바뀐다! 앞서 노트에 적은 당신이 자주 사용하는 단어와 표현이 마음에 들지 않는다면, 반대로 원하는 세상에서 살 수 있게 만드는 단어와 표현을 사용하라. 이왕이면 좋은 사람과 행복한 내일을 부르겠다는 시선으로 다가가자. 좋은 세상은 그것을 부르는 자의 몫이다. 그리고 기억하자.

"오늘 내가 뱉은 말이, 나의 내일을 결정한다."

3 | 당신이 원하는 미래를 정확하게 말하라.

앞서 나는 괴테가 "별이 떨어진 이유는 내가 그것을 원했기 때문이다"라는 말을 했다는 것을 소개했다. 변화를 꿈꾸는 우리에게 필요한 것은 그런 말을 듣고 순간적인 깨달음을 얻는 것이 아니라, 영속적인 실천이다. 우리도 언제든 무슨 일을 해낸 후에 그 힘의 근원을 '내가 원했기 때문이다'라고 자신 있게 말할 수 있어야 한다.

괴테는 평생 자신의 말을 갈고닦았다. 가장 좋은 말과 표현으로 삶을 채우기 위해 그것들이 입에서 자주 나오도록 습관으로 설정했다. 현실에서 나오는 말이 곧 자신의 미래를 결정한다는 사실을 알고 있었기 때문이다. 어떤 분야에서 무슨 일을 하는 사람이든, 모든 성장은 언제나 원하는 미래를 정확하게 표현하는 말에서 시작한다. 세상이 모두 당신에게 "너는 힘들어"라고 말해도, 우리 모두는 자신에게 이렇게 말할 수 있어야 한다.

"난 언제든, 뭐든 할 수 있어!"

3단계 과정을 모두 다 이해했다면, 이제 다음 문장을 읽고 그 느낌을 생각해보자.

"이 달에 매출 10억을 찍을 수 있을까?"

"이 제품을 과연 팔 수 있을까?"

나는 이런 표현을 하는 사람들이 자신의 목표를 이루는 모습을 거의 본 적이 없다. 이유가 뭘까? 10억이라는 숫자가 너무 높아서? 아니면 팔 수 있을 만한 제품이 아니라서? 나는 둘 다 적당한 이유는 아니라고 생각한다.

이건 정말 중요한 이야기다. 이들이 자신의 목표를 이루지 못한 이유는 안타깝게도 목표를 말하는 자세와 언어가 잘못되었기 때문이다. 앞에서 함께 배운 3단계 과정을 떠올리며, 다시 이들의 말을 곰곰이 읽고 생각해보라.

"이달에 매출 10억을 찍을 수 있을까?"

"이 제품을 과연 팔 수 있을까?"

무엇이 느껴지는가? 답하기 쉽지 않다면 내가 먼저 묻는다.

이들의 말에서 기품이 느껴지는가? 혹은 상대를 배려하는 마음을 느낄 수 있는가? 아니면 자신이 파는 제품에 대한 애정이 느껴지는가? 셋 다 쉽게 느껴지지 않을 것이다. 그럼 다시 한 번 묻는다.

"파는 사람도 품질에 자신 없는 제품을 왜 사야 하는가?"

"그 제품이 어찌 매출 10억에 도달할 수 있을까?"

앞에 언급한 실제 사례를 통해 어떤 식의 표현이 우리의 변화와 성장을 돕는지 제대로 이해할 수 있었을 것이다. 언어와 말은 반드시 그걸 표현한 사람의 삶에 영향을 준다. 어려운 상황에서도 할 수 있다고 말할 수 있다면 불가능한 요인은 조금씩 사라진다. 괴테의 말처럼 모든 기적은 내가 그걸 원했기 때문이다. 만약 당신이

"이달에 매출 10억을 찍을 수 있을까?"라는 말이 아닌 "이달에 1만 명의 고객에게 행복을 전해야지"라고 말할 수 있다면, 모든 상황은 당신이 생각한 대로 바뀔 것이다.

이런 질문을 해본 적이 있나? "출발선은 누가 정하는 건가?" 나는 세상에 정해진 출발선은 없다고 생각한다. 다른 사람과 반대로 뛸 수도 있고, 마음에 들지 않으면 다른 경기장을 찾아가면 된다. 아니, 굳이 경기장에서 뛸 필요도 없다.

상황을 긍정적으로 보면 방법이 생긴다. 모든 일에는 양면성이 있다는 사실에 주목하라. 불리하다고 생각하지 말자. 그것은 다른 곳에 내게 유리한 위치가 있다는 증거이기도 하니까. 그만 울고, 유리한 곳을 찾아라.

그리고 원하는 미래를 최대한 정확하게 말하라. 그 순간 그대를 둘러싼 모든 기운이 차례대로 움직이며 성취와 성장을 도울 것이다. 기적은 이미 그대 안에 존재한다.

8

변화를 순조롭게 이끄는 언어 분석의 비밀

언어는 인간에게 매우 큰 영향을 주는 지적 무기이며, 지금도 당신은 삶의 다양한 곳에서 그 영향을 받고 있다. 그래서 늘 세심한 자세로 다루어야 한다. 사람을 바꿀 힘도, 바꾼 증거와 방법도 그 안에 모두 녹아 있기 때문이다. 이를테면 이런 방식으로 언어를 분석하며 그 안에 녹아 있는 수많은 지적 파편을 찾아낼 수 있다.

한 인터뷰에서 페이스북 창업자 마크 저커버그가 남긴 말을 소개한다. '소개'라는 표현까지 쓰면서 그의 말을 언급하는 이유는,

'그 말'이 그의 인생을 관통하는 단 하나의 철학이고, 동시에 누구든 '그 말'을 일상에 녹여낼 수 있다면 원하는 대로 삶을 바꿀 수 있기 때문이다. 단순히 글자를 읽는 것이 아닌, 말에 녹아 있는 깊은 의미를 이해하며 발견하겠다는 마음으로 읽어보라.

"빠르게 움직여라. 그리고 주변의 틀을 깨부숴라. 주변의 틀을 부숴버리지 않는다면, 당신은 빠르게 움직이고 있는 것이 아니다."

빠르게 움직이라는 말은 쉽게 이해할 수 있지만, 주변의 틀을 부숴버리라는 말은 쉽게 이해하기 힘들다. 또한 '주변의 틀'이라는 것은 구체적으로 무엇을 의미하는 걸까? 이렇게 읽다가 중간중간 걸리는 부분에 질문을 던질 수 있어야 언어에 녹아 있는 비밀을 발견할 수 있다. 그 사람의 언어를 이해할 수 있어야 보이지 않는 삶의 내밀한 비밀을 풀 수 있는 셈이다. 자, 그가 남긴 언어를 하나하나 차근차근 풀어보자.

"많이 바쁘시죠?"

가볍게 인사말로 나누는 말이지만, 가끔은 정말 하는 일이 많아서 바쁠 거라고 짐작되는 사람들에게 전하는 말일 때도 있다. 그러나 내가 만났던 사람들 중, 남들보다 더 많은 일을 해내는 사람들의 일상은 오히려 매우 단순하고 고요했다. 심지어 그들은 보통의 일상을 보내는 사람들보다 여유롭게 하루를 보내며 휴식 시간까지 꽤 넉넉히 즐기며 살고 있었다. 이유가 뭘까? 다양한 이유가 있겠지만, 그 중심에는 바로 이것이 있다.

"선택할 것이 거의 없다."

이 사실은 매우 중요하다. 선택할 것이 많다는 것은, 아직 삶의 중심 가치를 정하지 못했다는 증거일 수도 있기 때문이다. 그래서 살아가는 방향이 분명한 사람은 언제나 가장 여유롭고 동시에 가장 단순한 경로로 이동한다. 바쁘지 않게 수많은 일을 해낼 수 있는 비결도 바로 거기에 있다. 그들에게 "나는 너무 바빠서 시간이 없어"라는 말은, '나는 아직 분명한 삶의 방향을 정하지 못한 사람이야'라는 의미로 들린다.

매년 각종 매체에서 '세계에서 가장 옷을 못 입는 사람'을 선정한다. 그럴 때마다 늘 빠지지 않고 상위권(?)에 오르는 인물이 바로 앞서 소개한 페이스북 창업자인 '마크 저커버그'다. 그는 세계 최고의 부자 중 한 명이지만, 이상하게도 매일 같은 옷만 입는다. 자신이 가진 돈으로 얼마든지 최고의 디자이너들이 만든 고가의 옷을 입을 수 있지만, 그가 하나의 옷만 고집하는 이유는 뭘까? 그 이유는 2011년 세상을 떠난 애플의 공동창업자 스티브 잡스와 같다. 그들은 입을 모아 외친다.

"선택할 문제를 최대한 줄이고 싶다."

생전에 잡스도 옷장에 똑같은 검은색 터틀넥 티셔츠 수십 장을 쌓아놓고 있었다. 이런 기이한 모습을 보며 사람들은 가끔 저커버

그에게 이런 식의 지적을 한다.

"페이스북은 해마다 업그레이드를 하고 매순간 수많은 사용자들의 요구에 맞춰 적절히 대응하지만, 저커버그의 패션은 계절의 변화에 전혀 대응하지 못하고 있다."

그러나 정작 그는 "왜 매번 같은 옷을 입냐?"라는 질문에 태연한 얼굴로 이렇게 답한다.

"저는 옷을 고르는 데 시간을 뺏기기 싫습니다. 그래서 매일 똑같은 옷만 입고 있습니다. 제 옷장에는 회색 티셔츠만 20벌 정도 있습니다."

시간이 곧 돈인 경제인만 그런 것이 아니다. 44대 미국 대통령 버락 오바마도 마찬가지였다. 그는 대통령으로 취임한 후 얼마 지나지 않아 당시 자신의 각오를 이런 식으로 말한 적이 있다.

"앞으로 제가 대통령으로 일하는 동안 여러분은 제가 회색 또는 파란색의 정장만 입는 것을 보게 될 겁니다."

대통령으로서 결정해야 하는 중요한 일이 너무 많기 때문에, 대통령으로 일하는 동안에는 상대적으로 덜 중요한 먹고 입는 것은 결정하고 싶지는 않다는 의미였다. 그는 그렇게 자신에 결정해야 되는 일을 소금이라도 줄였고, 그 남는 시간을 자신이 추구하는 평화와 안정에 모두 투자하며 임기를 마쳤다. 그 역시 저커버그가 강조한 것처럼, 주변의 틀을 부숴버리는 시도를 한 것이다. 그가 남긴 이 말이 그 의지를 증명한다.

"다른 사람이 가져오는 변화나 더 좋은 시기를 기다리기만 한다면, 결국 변화는 오지 않을 것이다. 우리 자신이 바로 우리가 기다리던 사람들이고, 우리 자신이 바로 우리가 찾는 변화의 주체다."

나는 마크 저커버그와 스티브 잡스 그리고 오바마 전 대통령이 남긴 말을 분석하며 내가 새벽 3시에 일어나 하루를 시작하는 것 역시 주변의 틀을 부숴버리는 시도라는 사실을 알게 되었다. 그것은 보통의 하루가 6시 혹은 7시에 일어나 시작한다는 일반적인 틀에서 벗어난 선택이기 때문이다. 그들이 남긴 언어를 분석하다 보면 변화는 그런 세상이 오기를 기다리거나, 그렇게 만들어줄 사람을 기다리지 않고, 내가 직접 틀을 부숴버리는 선택을 통해 하나하나 만들어나가는 것이라는 사실을 알게 된다. 실제로 내게는 나만 가지고 있는 특별한 루틴이 매우 많다. 그 루틴도 결국 주변의 틀을 부순 후에 얻은 변화의 결과물이라고 볼 수 있을 것이다.

이렇게 그 사람의 언어를 차근차근 분석하면 그 사람이 가지고 있는 모든 지적 무기의 근거가 무엇인지 알게 된다. 언어는 허공에서 자유롭게 움직이는 하나의 생명과도 같다. 시시각각 다가오는 언어 앞에서 최선의 길을 찾아라. 지금도 우리 주변을 날아다니는 언어 속에 변화를 성공적으로 이끌 모든 방법과 길이 있다.

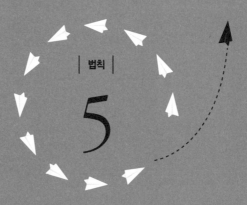

| 법칙 |

5

한계선을 지워라

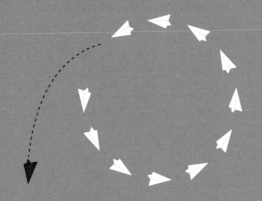

1

경계를
지우는
창조자의 시선

생각하는 방식이 곧 그 사람이 존재하는 방식이라고 볼 수 있다. 세상에는 하나의 영역에 자신을 가두지 않고 다양한 영역으로 자신의 가능성을 스스로 확장하는 사람들이 있다. 변화의 고수인 괴테와 레오나르도 다 빈치, 미켈란젤로가 그랬다. 그들의 관심사는 놀라울 정도로 다양하지만 유일한 공통점이 하나 있었다.

"하나의 학문에서 다른 학문으로 점프해서, 두 분야의 연관성을 재빠르게 찾아, 자신만의 독특한 색을 입혀서, 세상에 다른 형태로 내놓는다. 그리고 대중은 그것을 예술이라고 부른다."

이 4단계 과정을 가장 잘 알고 실천하며 살고 있는 음악가 장한 나를 소개한다. 우리가 익히 '첼리스트 장한나'로 알던 그녀는, 현재 '지휘자 장한나'로 변신해 세계적인 교향악단에서 열정을 발산하고 있다.

1994년, 열두 살의 나이로 로스트로포비치 콩쿠르에서 최연소 우승을 차지한 그녀는 시대를 대표하는 수많은 거장의 사랑을 받으며 첼리스트로 화려한 경력을 쌓았다. 그러나 첼리스트로 화려한 미래가 보장된 날을 살던 그녀는, 2007년 돌연 지휘자로 데뷔한 후, 2015년 영국 BBC뮤직 매거진이 선정한 '현재 최고의 여성 지휘자 19인'에 이름을 올렸고, 마침내 2017년엔 트론헤임 심포니 오케스트라 상임지휘자로 취임했다.

말은 쉽지만 위에서 쉼표로 구분했듯 4단계 과정을 치열하게 거쳐야 비로소 다른 하나를 세상에 제공할 수 있다. 그 4단계 과정에 장한나의 생각을 녹여 풀면 이렇다.

1 | 하나의 학문에서 다른 학문으로 점프하기

그녀는 자신의 극적 변화를 이끈 힘에 대해 이렇게 말했다.

"세상엔 여전히 많은 차별이 있지만 '어려서, 동양인이라서, 여자라서'라는 생각은 하지 않는다. 지휘대에 섰을 때 '실력 있는 지휘자'라고 하면 끝이다."

사실 여성지휘자는 많지 않아 그 자체로 하나의 뉴스다. 하지만 그녀는 '소수의 여성지휘자'가 아니라, '세계무대가 주목하는 지휘자'가 되겠다고 결심했고 마침내 그 목표를 실력으로 이루어냈다. 분야의 경계를 지우고 하나의 자기 세계를 건설하는 것은 지식의 영역이라기보다는 의지의 영역이다. 다른 영역으로 점프하려면 세상이 정의한 온갖 차별과 원칙을 스스로 해체하며 전진해야 한다.

2 | 두 분야의 연관성을 재빠르게 찾기

화려한 첼리스트의 삶을 접고 지휘자로 변신한 이유를 묻자 그녀는 그 과정을 다음 3단계로 나눠서 답했다.

- 첼로로 연주할 곡이 적었다. 같은 곡을 반복하고 연습하다보니 시야가 좁아지는 것 같았다.
- 망원경을 보고 싶은데 현미경을 보는 듯했다. 위대한 교향곡을 공부하고 싶다고 생각했다.
- 말러와 브루크너, 베토벤 악보를 뚫어져라 보기 시작했다.

여기에서 우리는 각기 다른 분야의 연관성을 재빠르게 찾는 그녀의 방법을 발견할 수 있다. 위대한 교향곡을 현미경을 보듯 뚫어져라 보며, 또 다른 시선으로는 망원경을 보듯 세상을 바라보는 것이 바로 그것이다. 흥미로운 것은 그녀가 놀랍게도 음대가 아닌 하버드대 철학과에 진학했다는 사실이다. 언뜻 생각하면 전혀 연관성이 없다고 생각할 수 있는 그녀의 행동에 대한 이유는 크게 2가지였다. 하나는 철학이 그녀에게 망원경의 시선을 배우는 장소였던 것이고, 또 하나는 서로 다른 분야의 연관성을 빠르게 찾기 위해서 철학이 필요하다고 생각한 것이다.

3 | 자신만의 독특한 색을 입히기

그녀에게는 로스트로포비치라는 멋진 스승이 있었다. 그는 그녀가 중학교에 입학할 때 메모장에 급하게 다음 3가지를 적어 주었다.

- 한 달에 네 번 이상 연주하지 말기
- 음악 안 하는 친구들과 열심히 놀기
- 중학교 열심히 다니기

그녀는 이 조언을 실제로 잘 지켰다. 자신의 색을 입히려면, 일단 자신의 색이 존재해야 한다. 사실 음악을 업으로 삼은 천재에게 음악 안 하는 친구들과 열심히 놀며 중학교에 열심히 다니라는 조언은 쉽게 해줄 수 있는 것이 아니었다. 그러나 로스트로포비치는 그녀가 스스로 한계에 저항하며 자신을 극복하기를 바라고 있었다. 그래서 그 나이에 맞는 다양한 성격을 가진 친구들과 어울리며 수많은 세상을 내면에 담아야 한다고 생각했다.

그렇지 않으면 더 빨리 성장하고 싶다는 조급한 마음이 든다. 그래서 그녀는 어릴 때부터 스스로 '남들과 커리어를 비교하거나, 초조해하지 않는 것이 가장 중요하다'는 사실을 잊지 않기 위해 노력했다.

4 | 세상에 다른 형태로 내놓기

그녀는 자신이 망원경으로 바라본 세상과 현미경으로 뚫어질 듯 바라본 악보를 하나로 연결해 세상에 전혀 다른 형태로 선보일 때, 이런 마음으로 단원을 대한다.

"모든 단원이 자신만의 표현을 하길 원한다. 따뜻하고 아름다운 소리를 내는 것이 아니라, 그 순간에 느끼는 감정을 최대한 표현하길 바란다. 객석 3층 맨 끝자리에서도 그 소리를 듣고 전율하고 감동했으면 한다."

그녀는 무대에서 열정에 불타는 지휘를 한다. 어떤 새로운 것도 전혀 두려움 없이 받아들이며, 연주 때마다 최선을 다해 모든 것을 쏟아붓는다. 이런 자신감은 결국 투자한 시간에 비례한다. 첼로 연주 계획을 묻자 그녀는 단호하게 "하루 10시간을 지휘자로 연습하기 때문에 첼로에 양다리를 걸칠 상황은 못 된다"라고 말한다. 보통은 나중 일을 알 수 없으니 애매하게 계획이 있다고 말할 수도 있지만, 그녀는 지휘자로 변신하며 아예 첼로는 잊고 살고 있다.

경계를 지우는 창조자의 시선은 경계에 갇혀 사는 사람과 그 넓이와 깊이가 다르다. 지금 우리가 처한 현실은 매우 엄중하다. 처음에는 사소하다고 생각했던 코로나 사태를 통해 우리는, 하나의 작은 일이 세계와 개인에게 미치는 놀랍도록 아픈 결과를 마주하고 있다. 그것이 바로 우리가 경계를 허무는 창조자의 시선을 가져야 하는 이유다.

그래서 지금처럼 혼란스러운 세상에서는 가장 먼저 경계를 지워야 한다. 분야와 생각의 경계를 지워야 경계에서 자유를 즐길 수 있기 때문이다. 그리고 마지막으로, 창조자의 시선은 이제 성장을 위한 '플러스 알파'가 아니라, 당신의 생존을 위해 필요한 '최소한의 무기'라는 사실을 반드시 기억하라.

2

선택과 집중으로
삶을 이끄는
모차르트 전략

　　일상을 바꿔 다른 인생을 살고 싶다면, 결국 선택과 집중의 전쟁에서 승리해야 한다. 나도 다른 사람들과 마찬가지로 평소에는 다양한 역할을 하며 지낸다. 글쓰기도 마찬가지다. 매일 글을 쓰지만, 하나의 분야에 집중하는 것이 아니라 자기계발이나 자녀교육, 문학, 건강, 경제 등 10개 정도의 분야로 원고를 분배하는 방식으로 쓴다.

　　하지만 그런 내가 급격하게 달라지는 시점이 있다. 바로 책 하나를 완성하겠다고 선택한 시점이다. 평소에는 주변에서 보고 들고 느끼는 것을 10개의 분야로 배분하지만, 하나의 주제를 선택한 이후에는 전혀 다른 방식으로 글을 쓴다. 세상에 글을 쓸 수 있는 주제가 그것 하나만 남았다고 생각하며 모든 일상의 영감을 거기 하나로만 보내는 것이다. 만약 평소처럼 10개의 분야로 배분만 했다면 그것을 모두 각자 정리해서 책으로 내기 힘들었을 것이다. 이런 나의 독특한 작업 방식은 모두 모차르트에게 배운 것이다.

일단 그에게 배운 삶을 대하는 태도부터 먼저 소개한다. 나는 최선을 다한 일에서 원하는 결과가 나오지 않더라도, 어떤 특출한 재능을 가진 사람에게 번번이 져서 고배를 마시더라도 이런 생각은 절대 해본 적이 없다.

"세상에는 천재가 있고, 그들을 이길 노력은 없다."

적어도 내 인생 속에는 천재라는 존재가 살지 않는다. 실제로 대적할 수 없는 누군가에게 무참히 공략을 당하는 일이 있어도, 모든 실패의 이유는 전적으로 나 자신에게 있다고 생각한다. 그리고 모차르트에게 배운 그 생각이 나를 멈추지 않게 만들었다. 변화를 꿈꾼다면 잠시 지는 것을 두려워하지 말아야 한다. 또한, 천재나 환경 등 다른 요인으로 실패를 정당화하지 않아야 한다.

뭔가를 시작할 때마다, 변화를 모색하며 더 나은 곳을 바라볼 때마다 나는 모차르트를 생각한다. 아인슈타인도 힘든 일이 있을 때마다, 그를 자주 생각하며 이렇게 말하곤 했다.

"내게 죽음이란 모차르트의 음악을 듣지 못하게 되는 것이다."

신학자 칼 바르트도 동의하며 이렇게 말했다.

"천사가 신을 찬미하기 위해 바하의 곡을 연주할지 모르나, 그들이 서로 모였을 때는 모차르트의 음악을 연주하고 신도 그것을 경청할 것이다."

그는 자신의 천재성을 거론하며 찬양하는 사람들에게 이런 식의 말을 들려주었다.

"사람들은 내가 천재라고 말하지만 전혀 그렇지 않다. 현존하는 음악의 대가 중에 내가 치열하게 연구를 해보지 않은 사람은 아마 없을 것이다."

그럼에도 다시 "에이, 천재가 아니라면 어떻게 어릴 때부터 그런 멋진 음악을 만들 수 있겠어?"라고 말하는 사람도 있을 거다. 물론 그것도 사실이지만 그가 말한 것처럼 동시대에 활동했던 대가들의 음악과 삶을 치열하게 연구하며 살았던 것도 부정할 수 없는 사실이다. 인간이 가진 최고의 능력 중 하나는 바로 집중력이며, 그것만이 자신의 한계를 극복하게 만든다. 결국 모차르트가 가진 최고의 재능은 자신이 선택한 일에 천재적으로 집중하는 힘이다.

우리의 눈은 언제나 마음이 원하는 곳을 본다. 그래서 눈은 마음의 창이다. 그러나 마음이 원하는 곳을 보려는 유혹을 뿌리치고 때로는 보이는 그대로 볼 필요도 있다. 그래야 늘 보던 것이 아닌, 새로운 사실과 공간을 관찰하며 조금 더 나아질 수 있다. 천재적으로 집중하는 그의 삶을 배운 후, 내게는 이런 특별한 능력이 생겼다.

바로 그건, 출판사 이름을 가려도 책의 이름이나 카피를 보면 그 책이 어떤 출판사에서 나온 책인지 어느 정도는 맞출 수 있다는 것이다. 그래서 가끔 제목만 보고 "이건 정말 'ㅇㅇ출판사'스러운 제목이네"라고 말하기도 하고 실제로 확인하면 대부분 일치한다. 뭐든 선택하고 집중하면 그 시간이 자신을 소유한 사람에게 특별한 선물을 준다.

모차르트가 동시대에 사는 음악가를 치열하게 연구한 것처럼, 나도 내 글과 책에 조금 더 나와 맞는 출판사와 작업하기 위해서 매일 연구를 했기 때문에 가능한 일이다. 제목과 카피만 봐도 어느 출판사인지, 또한 서점에서 순위와 판매지수가 어느 정도인지도 대략 맞출 수 있다. 출판사 이름을 가리고 찍은 계약서 사진만 봐도 어떤 출판사의 계약서인지도 가끔 맞추기도 한다. 계약서에 쓰여 있는 건조한 문구에서도 미세한 차이를 느끼는 것이다.

누군가는 "그게 글을 쓰는 것과 무슨 관계냐?"라고 물을 수도 있다. 독자는 겉에서 볼 때 글만 열심히 쓰면 좋은 작가가 될 수 있다고 생각하기 쉽지만, 음악가가 멋진 팀을 만나서 협업을 해야 근사한 음악이 탄생하는 것처럼, 책도 마찬가지로 수많은 전문가가 모여 함께 만드는 예술 작품이다. 그 수많은 과정 모두가 하나하나 정말 소중하다. 그래서 글을 쓰며 동시에 그 과정을 연구하는 시간이 필요하다.

이처럼 모든 일은 결국 제대로 된 선택과 완벽한 집중의 결과로 성과가 나타난다. 당신이 동시에 수십 개를 할 수 있는 사람이라도 만약 하나를 선택했다면 다른 곳은 돌아보지 마라. 그렇게 그 하나에만 당신의 24시간을 투자해서 가장 공들인 작품을 완성하라.

최선의 선택과 오랜 시간 그것에 집중하는 힘, 그게 바로 무언가를 선택하고 집중하며 변화를 꿈꾸는 자가 가져야 할 최소한의 의무다.

3

뇌를 바꾸는 'X10 발상법'

나는 누군가를 축하하는 자리에 그 마음을 돈으로 보낼 때, 소중한 사람이라는 생각이 들면 상대가 생각하는 수준의 금액에서 뒤에 0을 하나 혹은 둘을 더 붙여서 보낸다. 그럼 '100퍼센트'라고 말할 정도로 상대방에게서 전화가 온다.

"아니, 뭘 이렇게 많이 보냈어."

나는 지금 내가 돈을 보내는 크기를 말하려는 것이 아니다. 사회에서 누군가에게 인정받기 위해서 우리가 얼마큼 해야 하는지를 예로 들어 설명한 것이다.

"대체 세상은 왜 날 알아주지 않는 거야?"

많은 사람이 하는 말이다. 그런데 세상도 불만이 많다. 엄청나게 많은 사람이 고만고만한 차이로 줄을 서 있으니 능력과 성장의 차이를 선명하게 구분하기 힘들기 때문이다. 그럴 때 필요한 것이 바로 세상이 예상하는 것보다 뒤에 0을 하나 혹은 두 개 더 붙인 능력과 성장 가능성을 보여주는 것이다. 그런 사람에게는 좋은 기회가 오지 않을 수가 없다.

이것이 바로 내가 말하고 싶은 두뇌를 바꾸는 '×(곱하기)10 발상법'이다. 수많은 사람과 함께 경쟁하면서 자신이라는 존재를 부각시키기 위해서는 고만고만한 변화로는 어림도 없다. 그런 수준의 변화로는 평생 고생만 하며 끌려가는 인생을 살게 될 뿐이다. 초격차라고 부를 수 있을 정도의 범접할 수 없는 간격이 필요하다. 그럼 먼저 하나 묻는다.

"우리의 뇌는 타고나는 걸까?"

많은 사람이 살면서 이런 식의 이야기를 하곤 한다.

"난 부모님을 닮아서 기억력이 좋은 것 같아."

"저는 머리가 안 좋아서 한 번에 잘 못 알아들었어요."

둘 다 뇌는 타고난다는 의식에 사로잡혀 있는 경우라고 볼 수 있다. 전자의 경우 부모님을 닮아 기억력이 좋다고 말하고 있지만, 긍정적인 상황이라고 좋게만 볼 수는 없다. 그것마저 타고난다는 의식에서 나온 결론이기 때문이다.

×10의 발상을 하려면 그런 의식에서 벗어나야 한다. 스스로 자신의 한계를 지우려는 노력이 필요하다. 뇌는 '어떤 경험을 하고, 어떤 태도로 배우느냐'에 따라 전혀 다른 수준의 결과물을 가져온다. 동시에 우리의 뇌는 스스로 중요하다고 생각하는 정보를 가장 오래 기억하며 창조적인 일에 활용할 영감도 준다. '생명과 음식'에 관한 부분을 가장 오래 기억하는 이유가 바로 거기에 있다.

여기에 힌트가 있다. 수많은 정보 중에 자신이 원하는 분야와 영역을 입력하면 이제 뇌는 당신이 입력한 것에 대한 중요한 정보를 모을 것이며, 당신은 매우 쉽고 빠르게 그 분야의 가장 창의적인 인간으로 진화할 것이다.

인간의 두뇌 수준은 결국 그가 사용하는 언어와 표현력으로 결정된다. 직접 파리로 여행을 떠나서 에펠탑을 만나는 것이 아니라, 그냥 사진을 보며 떠오르는 이미지를 언어로 표현하면서도 충분히 우리는 에펠탑을 느낄 수 있다. 그래서 나는 가끔 언어로 상상한 것들을 외국에 나가 직접 볼 때, 실망하거나 반대로 경탄하기도 한다. 언어로 상상한 것보다 초라한 것도, 반대로 웅장한 것도 있기 때문이다.

일상의 예로 설명하면 이렇다. 내게는 오해를 살 수 있어 매우 조심스럽게 사용하는 단어가 몇 개 있다. '기적', '부자', '격차' 등이 그것인데, 그 이유는 이렇다. 내가 만약 '시선의 격차가 인생의 격차다'라는 제목의 글을 쓰면 언제나 모든 것을 부정적으로 생각하는 사람들이 바로 달려와 이런 식의 댓글을 쓴다.

"인생에도 격차가 있다니, 꼭 경쟁하며 살아야 하나요? 저는 반대입니다."

나는 여기에서 그들을 비난하려는 것이 아니다. 더 좋은 선택이 무엇이며 그것은 우리에게 어떤 이득을 주는지 말하고 싶다. 어떤 방식으로든 비난하는 사람들은 빠르게 생각을 마쳐야 하기 때문에 전부를 검토하지 않는다. 이유는 간단하다. 비난이나 부정은 그것을 가진 사람에게 조급한 마음을 주기 때문에 생각할 시간을 오래 허락하지 않기 때문이다.

상황이나 대상에 대한 좋은 부분을 찾으려면 시간이 걸린다. '찾아야 하기' 때문이다. 그게 글이라면 그 글만 아니라 그가 쓴 모든 글을 찾아 검토해야 하고, 대상이 사람이라면 그 사람의 말과 행동을 한동안 유심히 지켜봐야 하기 때문이다. 그래서 무언가를 부정하는 것은 쉽고 긍정하는 것은 어렵다. 세상에 긍정주의자보다 부정주의자가 많은 이유도 거기에 있다. 어려운 걸 굳이 좋아하는 사람은 많지 않으니까.

하지만 어려운 과정을 견디겠다는 의지로 좋은 부분을 찾는 일상을 살면 저절로 사색이 깊어진다. 생각하고 또 생각하기 때문이다. 내가 앞서 언급한 문장을 다시 살펴보자.

"시선의 격차가 인생의 격차다."

내가 이 문장을 제목으로 쓴 글의 내용은 경쟁을 하라는 것도 격차를 내서 누군가의 위에서 군림하라는 것도 아니었다. 내 글과 일상에 대해서 많이 읽고 긍정적으로 바라보는 사람은 안다. 그것이 바로 '너만 살 수 있는 인생을 살아라'라는 의미라는 것을 말이다. 사물에 대해서 혹은 사람에 대해서 다각적으로 살피고 이해하기 위해서는 먼저 긍정의 시선으로 다가가야 한다.

그런 태도로 살면 ×10 발상을 쉽게 일상에서 실천하며 성과를 낼 수 있다. 물론 우리의 뇌도 다른 신체기관들과 마찬가지로 나이가 들면서 처리하고 저장하는 능력이 떨어지게 된다. 하지만 우리가 노력하는 만큼 충분히 뇌는 변화할 수 있다는 사실을 기억하자.

4

창조의 시간 vs.
소비의 시간

같은 일을 같은 시간 동안 해도, 그걸 하는 사람에 따라 전혀 다른 말이 나온다. "아, 정말 피곤하다"라는 말이 나오는 사람이 있는 반면, "그래 맞아, 바로 이 느낌이야"라고 말하는 사람도 있다. 전자는 싫어하는 일을 반복하며 사는 사람이고, 후자는 일을 하면서 매번 새로운 것을 배우고 느끼는 사람이다. 누가 무슨 일을 하는지는 그리 중요하지 않다. 이렇듯 같은 일을 같은 시간 동안 경험해도 각자 느끼는 것이 전혀 다르니까. 우리가 작게는 일상을 크게는 인생을 바꾸기 위해서는, 창조의 기쁨이 얼마나 중요한지 그 가치를 제대로 느낄 수 있어야 한다.

"창조하는 사람은 피곤을 모르고, 싫어하는 일을 반복하는 사람은 즐거움을 모른다."

창조의 개념으로 일상을 나누면 우리들 일상은 '창조의 시간'과 '소비의 시간' 이렇게 둘로 나뉜다. 당신이 반복하는 하루는 '창조의 시간'인가, 혹은 '소비의 시간'인가? 소비는 자신을 선택한 사람에게 순간적인 만족이나 기쁨을 주지만, 소비는 마치 지루한 일을 반복할 때처럼 피곤한 하루를 만들 뿐이다. 끝나고 나면 허무하고 다시 일상이 지루해진다. 그러나 창조의 시간을 살아가는 사람의 시작과 과정은 전혀 다르다. 그들은 아무리 많은 일을 해내도 피곤을 모르며 끝난 이후에도 기쁨만 즐기며 산다.

창조의 기쁨을 누리며 사는 삶을 살고 싶다면, 대중에게서 멀어져야 한다. 가장 대중적인 제품을 생산하고 디자인하는 사람들의 특징 중 하나는 그것을 만들 때 오히려 대중에게서 가장 멀리 떨어져서 디자인하고 만든다는 사실이다.

이것은 책과 텔레비전의 차이와 같다. 책은 철저히 혼자 읽도록 되어 있지만, 텔레비전은 철저히 많은 사람이 시청하도록 만들어진 것이다. 또한, 책이 개인적인 것이라면 텔레비전은 각자 다른 개성을 지닌 사람들을 재미라는 하나의 점으로 이끄는 집단적인 매체다. 다시 말해서 책이 창조의 기쁨을 주는 지적 수단이라면, 텔레비전은 소비의 순간을 함께 즐기는 수단이다.

여기에서 우리는 가장 개인적인 것이 가장 대중적인 것으로 연결된다는 사실을 기억해야 한다. 수많은 대중 예술가와 기업가들이 전 세계적으로 통하는 제품이나 상품을 만들기 위해 가장 많이 집중적으로 투자하는 것이 바로 독서다. 독서는 가장 개인적인 지적 수단이며 오롯이 자신에게만 집중할 수 있는 시간과 기회를 주기 때문이다.

극단적으로 말하면 우리는 텔레비전을 시청하며 식사를 하든 각종 취미 생활은 할 수 있지만, 책을 읽으면서는 다른 것을 하기 힘들다. 가장 집중적으로 자기 자신에게 몰입하는 순간이기 때문이다.

창조적 시간이 중요하며 그렇게 살아야 변화를 제대로 주도할 수 있다는 말은 누구나 쉽게 할 수 있다. 내가 전하려는 핵심은 이제부터다. 아무리 뛰어난 사람이 다가와 "당신에게는 열정이 필요할 것 같습니다"라고 말하며 그 방법을 알려줘도, 남에게 듣는 모든 조언과 이야기는 이상주의자의 말이나 강의실에서나 통하는 말로 들린다.

그러나 인생을 살다가 문득문득 느끼는 열정의 부재는 자신으로 하여금 '열정적인 사람이 되어야겠다'라는 강한 다짐을 하게 만든다. 세상에 인생을 바꿀 좋은 방법은 많고 그중 당신에게 꼭 필요한 것들도 많지만, 그것들이 삶에 많은 영향을 주지 못하는 이유는 바로 이것, '자신에게 맞는 해답은 혼자서 찾는 것'이기 때문이다.

나는 세상이 말하는 어른이 되기보다는, 아이의 마음을 오랫동안 간직하고 싶다는 생각을 하고 산다. 아이처럼 세상을 새롭게 그리고 유심히 관찰할 수 있어야 끊임없이 좋은 영감을 받을 수 있기 때문이다. 세상이 말하는 어른이란 결국 각자 자신에게 부여된 본래의 자신을 상실하고, '비슷한 생각과 양식을 가진 사람이 된 형태'라고 생각한다. 그런 사람은 세상 어디를 가도 무엇을 새롭게 보거나 발견할 수 없다.

그래서 나는 온갖 기념일은 전혀 챙기지 않지만, 어린이날은 조금 특별하게 챙기며 보낸다. 모든 창조력의 대가와 교육자들이 그리고 기업과 단체의 리더들이 입을 모아 "아이처럼 생각하는 일상의 창조자가 되어야 한다"라고 말은 하지만, 세상은 중학교 혹은 고등학교에 진학할 나이가 되면 "너는 더 이상 아이가 아니야"라고 말하며 강제로 그들 삶에서 아이를 빼앗는다. 이해하기 힘든 부분이다.

세상은 언제나 말과 행동이 다르다. 이유가 뭘까? 말로는 이상을 추구하지만 이상을 추구하기에 현실은 너무나 빡빡하고 냉혹하기 때문이다. 이상을 추구하는 사람이 많아지면 노예처럼 말을 잘 듣는 사람의 숫자가 줄어, 세상이 돌아가기 위해 필요한 '소비적 인간'의 숫자가 절대적으로 부족해지기 때문이다. 그러므로 세상이 말하는 모든 것을 귀담아들을 필요는 없다.

다만 당신이 무엇을 추구하는지 그것을 분명히 하라. 새롭게 무언가를 발견하고 창조하는 사람이 되고 싶다면 나처럼 어린이날을 일상에서 지우지 않고 사는 것도 하나의 방법이다. 당신도 당신만의 방법으로 자신을 지켜내라.

5

인생의
판을 바꿀
질문 창조법

앞서도 언급했지만 위대한 음악가 모차르트에게 우리가 배우려고 노력하는 것 중 하나는 그를 위대하게 만든 '창조력'이다. 음악을 배우기도 전인 5살에 작곡을 시작했다고 하니, 사람들은 그를 천재라고 부르지만 나는 조금 다르게 생각한다. 나는 그가 남긴 두 문장에 주목한다.

"아이디어가 어디에서 어떤 방법으로 떠오르는지도 모르겠고, 억지로 끌어낼 수도 없다. 다만 나는 완벽하게 혼자 있을 때 아이디어가 가장 많이 떠오른다."

"작곡은 정말 쉬운 일이다. 내게 가장 어려운 것은 결혼 생활이다."

그는 결혼 생활을 비롯해 타인과 관계를 맺고 원활히 유지하는 것을 어려워했다. 관계는 결국 노력인데 그는 타인과 잘 지내기 위해 자신의 시간과 노력을 쏟지 않았다. 그가 가장 많은 신경을 쓴 사람은 바로 자기 자신이다. 우리는 창조력과 상상력을 키우기 위해 책을 읽고 강의도 듣지만, 모차르트의 삶은 단호하게 이렇게 외친다.

"나도 상상력의 근원이 뭔지 알 수 없다. 다만 철저히 혼자가 되면 아이디어가 저 멀리에서 내게로 조금씩 다가온다."

창의력을 키우고 아이디어를 발견하는 것은 협동이나 토론으로 이루어지는 것이 아니다. '철저하게 혼자가 되어야 한다'라는 모차르트의 말에 힌트가 있다. 이 짧은 문장에 매우 많은 의미가 녹아 있다. 순서에 맞게 하나하나 풀어내면 이렇다.

1 | 타인의 시선에서 벗어나라.

2 | 지시와 명령이 없는 공간으로 이동하라.

3 | 약속도 마감도 모두 잊어라.

4 | 자신의 생각을 강력하게 믿어라.

5 | 최소한 하나는 남기겠다는 의지를 가져라.

이때 비로소 우리는 모차르트가 말한 아이디어가 스스로 걸어오게 만드는 '철저하게 혼자가 되는 시간과 공간'에 머물 수 있다.

창조적 태도를 가졌다면 이제는 질문이 필요하다. 질문은 답보다 창조적인 지적 행위다. 답이 아무리 위대해도 애초에 질문이 없었다면 나올 수 없는 것이기 때문이다. 또한, 질문을 창조하지 못하면 지금까지 우리가 배운 어떤 것도 자기 안에서 꺼낼 수가 없다. 그래서 많은 사람이 배운 것을 꺼내지 못하는 이유를, 배움이 부족한 걸로 착각하고 또 배우려고 어딘가로 떠난다. 그러나 누구라도 질문하지 못할 정도로 지식이 얕은 사람은 없다. 지식이 짧아서가 아니라 그저 질문하지 못하기 때문이다.

그래서 안타깝게도 평생 배우기만 하고 쓰지는 못하는 사람이 많은 것이 현실이다. 만약 '나는 배우는 걸로 충분히 만족한다. 그걸 사용할 질문은 굳이 필요하지 않다'라고 생각한다면 이 글을 읽을 필요가 없다. 사람마다 생각은 다르니 그 생각도 충분히 이해한다. 그러나 만약 지금 당장 더 배우지 않아도 활용할 수 있는 '삶을 바꾸는 질문 창조법'을 알고 싶다면 차분한 마음으로 다음 이야기를 더 읽어보자.

나는 글을 쓰고 때로 강의하는 일을 하고 있어서, 어디에서든 내 일을 할 수 있고, 원할 때만 할 수 있다는 장점이 있다. 지금도 그렇지만 나는 집에서 실내자전거를 타면서도 글을 쓰며 음악을 들고 바깥 풍경을 감상하며 커피까지 자유롭게 마시고 있다. 그런데 사람에 따라 이런 내 모습을 바라보는 시선이 다르다. 크게 두 갈래로 나뉘는데, 예를 들면 이렇다.

먼저 가장 많은 경우인데, '저 사람은 그렇게 해도 괜찮은 일을 하고 있으니까'라고 생각하는 것이다. 글을 쓰며 강의를 하니 방에서 실내자전거를 타면서도 일을 할 수 있다는 말이다. 그러나 이런 생각에서는 어떤 질문도 탄생할 수 없고, 질문의 물꼬가 트일 수 없다.

반면에 같은 상황을 지켜보면서도 이렇게 전혀 다르게 생각하는 사람도 있다.

"저런 삶이 가능한 일을 어떻게 찾아서 자기 일로 확고하게 만들 수 있었을까?"

이렇게 바라보면 바로 창조적 질문이 쏟아진다. 자신을 그렇게 살게 만들 질문을 하게 되고, 거기에 맞는 일을 떠올리며, 그렇게 살아갈 방법에 대한 질문까지 바로 이어지기 때문이다. 그들은 어디에서 어떤 상황을 봐도 "저 사람이니까 할 수 있지"라는 꽉 막힌 시선이 아닌, "저 일을 어떻게 할 수 있었을까?"라는 가능성과 생각을 확장할 수 있는 질문을 던진다.

일상에서 무언가를 창조하려면 질문할 수 있어야 한다. 그런 사람만이 자신만의 철학을 추출할 수 있으며, 시대가 어떤 상태로 변하고 흔들리던 상관없이 성장하는 인생을 살 수 있기 때문이다. 배우는 것은 모두에게 허락된 지적 행위이지만, 그것을 바탕으로 질문하는 것은 사색할 줄 아는 소수에게만 허락된 값진 선물이다.

질문은 귀한 것을 많이 담고 있기 때문에 몸집이 커서, 바라보는 시야를 넓게 확장하지 않으면 당신이라는 공간 바깥으로 빠져나오지 못한다. 질문을 꺼내고 싶다면 모든 불가능한 것들에 가능성을 허락하고, 희망의 여지를 남기는 시선으로 바라보며 시야를 최대한 확장하는 게 좋다. 당신의 삶을 바꿀 가장 멋진 질문은 그 안에서만 탄생하는 보석이다.

"진주를 머금고 사는 눈을 가져라. 바라보는 곳마다 근사한 질문이 태어날 것이다."

6

3년 벌어
30년 든든하게
만드는
4가지 생각의 틀

세상에 치열하게 살지 않는 사람은 없다. 각자 기준만 다를 뿐이지, 누구나 자기 삶에서 할 수 있는 모든 에너지를 쏟아내며 자신을 뜨겁게 태우고 있다. 만약 지금 열심히 살고 있지만 사는 게 힘들다면, 그리고 도저히 희망이 보이지 않는다면 이유는 다양하겠지만 문제의 본질은 단 하나다.

"한 달 벌어서 한 달 먹고사는 삶을 살기 때문이다."

다들 그렇게 산다고 생각하며 넘길 수도 있다. 그러나 모든 결과는 우리가 당연하다고 생각한 것에서 시작하며, 결과를 바꾸려면 그 시작부터 바꿔야 한다. 세상에는 분명 더 먼 곳을 바라보며 사는 사람이 있고, 그들이 자신의 삶을 대하는 태도와 방식을 모르는 사람이 있다. 3년 벌어 30년을 자유롭게 자신이 원하는 삶을 사는 것은 그들에게는 그리 어려운 일이 아니다. 생각의 틀이 다르기 때문이다. 다음 4가지 생각을 틀을 통해 자신의 삶을 돌아보며 변화의 계기로 삼아보자.

1 | 당신이 얼마를 벌든

일단 현상을 바라보는 기준을 먼저 손봐야 한다. 그래야 문제를 인식할 수 있기 때문이다. 한 달 벌어서 한 달 먹고사는 사람들 중 평균 이하의 돈을 버는 사람도 있지만 놀라운 사실은 절반은 생각보다 많은 돈을 버는 사람들이라는 것이다. 매달 수천만 원을 받는 사람도 한 달 벌어 한 달 사는 삶을 살고 있다. 그러나 여기에서 핵심은 수입의 많고 적음이 아니다.

중요한 것은 당신이 돈을 위해서 일하는 것이 아니라, 돈이 당신을 위해 일하는 형태가 갖춰져야 한다는 것이다. 그 형태를 갖추기 위해서는 당신이 '사고 싶은 사람', 즉 '팔리는 사람'이 되어야 한다. 그걸 알아볼 질문은 답처럼 명확하다. 매일 자신에게 질문하라.

"내가 주식이라면 전 재산을 걸어 나 자신에게 투자할 것인가?"

이 질문에 아주 빠르게 "당연하죠"라는 답할 수 없다면, 다음 2,

3, 4번을 읽으며 계속 자신의 삶에 대해 생각할 시간을 가져보길 추천한다.

2 | 당신이 누구를 알든

"내가 전화만 하면 안 풀리는 일이 없어."

"내 스마트폰에 얼마나 대단한 사람들 연락처가 많은지 알아?"

간혹 이런 식으로 자기 인맥을 과시하는 사람이 있다. 한국 사회에서는 여전히 인맥이 살아가는 힘이 된다. 그게 현실인 건 맞지만, 내가 생각하는 인맥의 개념은 조금 다르다. '내가 전화만 하면', '대단한 사람들 연락처'라는 표현에 약간 오류가 있기 때문이다.

마음으로 도와주는 진실한 인맥이라면 '내가 전화만 하면'이 아니라 '내게 전화를 하는' 사람이고, '대단한 사람들 연락처'가 아니라 '나를 대단하게 생각하는 사람들 연락처'가 되어야 하기 때문이다.

사람이 재산이다. 맞는 말이다. 그래서 더욱 내가 아는 수많은 사람이 모두 나의 인맥이 아니라, 나를 아는 소수의 사람이 바로 나의 진실한 인맥이라는 사실을 인지하는 게 좋다. 그래야 숫자라는 허상에 빠지지 않고 그 소수의 사람들에게 최선을 다할 수 있다.

3 | 당신이 무엇을 가지고 있든

세상이 좋다는 것이 아니라 당신이 스스로 아끼는 것을 가지고 있어야 그게 삶의 무기가 된다. 세상이 좋다는 수많은 인문고전을 섭렵해도 삶에 변화가 일어나지 않는 이유는, 그게 자신이 아끼는 책은 아니기 때문이다.

내용도 중요하지만 독서에서 가장 중요한 것은 책을 바라보는 사람의 시선이다. 사랑하고 아끼고 존경하면, 당연히 그에 합당한 것을 얻게 된다. 마찬가지로 당신이 어떤 책과 자격증, 그리고 온갖 만점에 가까운 성적표를 다수 가지고 있다고 해도, 그게 당신의 30년을 보장할 수 없는 이유는 스스로의 애정과 주도로 선택한 것이 아니기 때문이다. 세상이 명령해서 선택한 우주비행사 자격증보다 스스로 원해서 선택한 운전면허 자격증이 자신에게 더욱 큰 빛과 가치를 준다.

"그건 너무 과장된 비유다"라고 말할 수도 있다. 하지만 스스로 사랑해서 선택한 것을 누리며 살아가는 사람들은 안다. 그것이 부정할 수 없는 진실이라는 것을 말이다. 당신이 무엇을 가지고 있는지는 전혀 중요하지 않다. 그것을 사랑하는가? 스스로 선택한 것인가? 그 답이 바로 당신의 미래를 그대로 보여준다.

4 | 쓸모를 사라지게 할 안목을 갖고 있는가?

마트에 가면 하루가 멀다 하고 새로운 제품이 쏟아져 나온다. 소비자들은 그것을 구매해서 사용한다. 우리가 지금까지 살아온 일상의 역사는 결국 그렇게 무언가 새롭게 창조되고 낯선 상태에서 익숙해질 때까지 사용하는 과정이 반복되고 있다. 그러나 새롭고 편안한 것에 길들여지면서, 가장 중요한 사실을 하나 잊고 있다. 새로운 물건이 하나 나온다는 것은, 어제까지 우리가 사용하고 있던 익숙한 물건 하나가 사라진다는 사실을 말이다.

하나가 태어난다는 것은 다른 하나가 사라진다는 말과도 같다. 아니, 세상이 빠르게 돌아갈수록 하나가 태어나며 사라지는 개수도 늘고 있다. 스마트폰을 사용하면서 우리는 음악을 듣던 기계와 디지털카메라를 잃게 되었다. 나는 스마트폰으로 원고 작업을 하니 노트북의 쓸모도 잃은 셈이다. 이미 존재하던 것들의 쓸모를 더 많이 사라지게 해야 새롭게 탄생하는 것이 더 많은 세상의 호응을 얻을 수 있다. 세상의 창조자들은 무엇의 쓸모를 사라지게 할 수 있을지 사색하는 사람들이다.

이렇게 제시한 4가지 생각의 틀로 다시 세상과 사람을 보라. 전과 전혀 다른 것들이 보이며 세상이 갑자기 넓고 새롭게 느껴질 것이다. 이제 당신의 노력과 성실성이 더 큰 보답으로 돌아오는, 당신을 위해 준비된 세상을 즐겨라.

7

테레사 수녀가
1등석 비행기 티켓을
산 이유

노벨 평화상을 수상할 정도로 평생 가난한 자들의 행복을 위해 헌신하며 산 그녀에게, 짐작할 수도 없는 매우 놀라운 에피소드가 하나 있다. 그건 바로, 이동이 잦은 그녀가 비행기를 타고 이동할 때 1등석을 자주 이용했다는 것이다. 이유가 뭘까? 비행사에서 그녀를 배려해서? 혹은 누군가의 돈으로? 그것도 아니면 원래 편안한 삶을 살았던 사람이라서? 이유는 알 수 없지만, 그런 소식을 들으면 처음에는 누구나 이런 오해를 하게 된다.

"가난한 자를 위해 살았다던 그녀의 삶은 모두 거짓이었나? 나는 또 이렇게 믿었던 사람에게 속은 건가?"

물론 그건 완전한 오해다. 그녀는 가난한 자들을 위해 평생을 살았던 것이 맞다. 다만 그녀의 진실을 아직 모르고 있을 뿐이다. 자, 이제 그녀를 향한 오해를 풀어보자.

비행기 1등석에는 그녀에게 필요한 부자들이 많았다. 그녀는 그 공간에서 그들과 소통하며 자신의 이야기를 들려주었고, 그들에게 돈을 가장 값지게 사용할 수 있는 방법을 알려주었다. 실제로 그녀는 그 공간에서 많은 기부를 받아 가난한 사람들을 위해 쓸 수 있었다. 멋진 생각의 전환이다. 참 현명한 사람이라고 생각하며 넘어갈 수도 있다.

그러나 그것이 전부는 아니다. 뒤에서 아무것도 모르면서 수군거리는 오해받을 용기를 내야 하기 때문이다.

"저 사람 앞에서만 깨끗한 것처럼 말하고 행동하지만, 비행기도 1등석이 아니면 타지 않는다네! 뒤가 구린 사람이야."

여기에서 우리가 배울 것은 뭐든 원하는 것을 얻기 위해서는 그녀처럼 환경과 생각을 바꿔야 한다는 것이며, 또 하나는 그 '마음이 진실해야 한다'는 사실이다. 그래서 변화를 꿈꾸는 우리에게는 진실한 마음이 필요하다. 그 마음이 진실해야 오해받을 용기를 내서 자신이 처한 공간의 변화를 꾀할 수 있고, 점진적인 변화를 이루어나갈 수 있기 때문이다.

시대를 대표하는 지성이 가진 공통된 태도 중 하나는, 자신과 전혀 다른 것을 말하는 자의 의견을 존중하는 것이었다. 나와 같은 것만 품으면 결국 100년이 지나도 지적 성장이 조금도 이루어지지 않아 변화를 모색하기 힘들다. 변화와 지적 성장은 결국 현재의 나와 다른 생각을 이해하면서 확장된다. 테레사 수녀가 오해받을 용기를 내고 새로운 방법을 떠올린 것처럼, 이해하겠다는 마음으로 나와 전혀 다른 생각을 하는 사람을 적극적으로 찾아다니는 것이 변화를 위한 현명한 선택이다.

"나와 다른 것도 품어라."

하루는 이어령 박사가 내게 새의 날개에 대한 색다른 시각을 전해줬다. "날개는 날기 위해서만 있는 것이 아니며, 둥지 속에서 알을 품고 있는 날개도 같은 날개다"라는 사실이 그것이다. 보통의 경우 날개를 꿈에 비유하며 모든 사람에게는 자신의 날개가 있어서 하늘을 날 수 있다고 말하며 용기를 준다.

하지만 날개가 알을 품는 용도로도 사용한다는 사실을 알게 되면, 시각을 이렇게 한 번 더 전환할 수 있다. 새는 자신의 날개를 펼쳐 하늘을 날아가지만, 대지로 내려오면 날개를 접어 자신을 안아준다. 이처럼 누구나 하늘을 날아갈 수 있다. 단, 하나 조건이 필요하다. 자기 자신을 뜨겁게 안고 믿어준 사람만이 그 날개를 펼쳐 하늘을 날 수 있는 것이다.

그렇게 생각을 발전시키면 더 이상 날개는 세상이 정한 사전에 적힌 그 날개가 아니다. 사전에는 없지만 자기 삶에는 있는 말을 많이 만든 사람의 인생은 자유로울 것이며 아름답게 성장할 것이다. 자기 삶을 추구하며 변화를 멈추지 않았다는 증거이기 때문이다.

같은 상품을 파는 사람이 많이 생기면 결국 서로를 비방하며 분란을 일으키는 사람이 생긴다. 만약 지금 누군가 같은 상품을 파는 사람을 거론하면서, "저 사람은 나보다 비싼 것을 팔지만, 품질은 내가 만든 상품이 월등히 좋다"라고 말한다면, 우리는 그에게 혁신과 창조를 기대할 수 없다. 영감을 받아들이는 지성의 통로가 거의 닫혀 있을 가능성이 높아서다.

이어령 박사나 테레사 수녀처럼 지성의 통로를 넓히는 과정과 원리는 매우 간단하다. 이 질문에 답해보라.

"우리는 왜 서로를 비방할까?"

답은 간단하다. 비슷한 것을 비슷한 가격에 팔기 때문이다. 그런 상태에서는 아무리 성격이 좋은 사람이라도 경쟁자를 비방하게 된다. 그래야 자신이 살 수 있기 때문이다. 일단 그런 지옥의 늪에서 빠져나오는 게 우선이다. 그때 다음 3가지 질문이 필요하다.

1 | 나는 무엇이 다른가?

달라야 경쟁하지 않게 된다. 가장 치열하게 자신에게 물어야 할 질문이다. 답이 나올 때까지 반복해서 질문하라.

2 | 나를 어떻게 바꿔야 하는가?

다음에는 방법을 찾아야 한다. 이때 중요한 것은 앞서 테레사 수녀 사례에서 언급한 것처럼 '진실한 마음'으로 접근해야 좋은 방법이 나올 수 있다.

3 | 나를 어떻게 유지할 것인가?

이번에는 이어령 박사의 방식이 필요하다. 우리가 자신의 생각을 중간에 변경하고 중단하는 이유는 대개 외부에 있다. '다른 생각을 품자' 그것 하나만 기억하면 자신을 오랫동안 유지할 수 있다.

타인을 비방하지 않는 삶의 태도를 갖춰야 지성의 통로를 조금씩 넓힐 수 있고, 그때 비로소 세상에 존재하는 수많은 영감을 발견해서 흡수할 수 있다. 당신이 변화의 목표로 정한 지점에 도착했을 때 자신에게 "나, 참 잘했다"라는 말을 들을 수 있게 살면 된다.

최고의
예술 작품을
감상하라

나는 의식 수준을 매우 중요하게 생각한다. 자신을 바꾸려는 노력이 성공으로 이어지려면 그에 맞는 의식 수준이 필요하다. 그래서 나는 책도 그렇지만 유튜브나 공중파든 모든 종류의 영상을 매우 조심스럽게 선택해서 시청한다. 이유는 간단하다. 영상을 선택해서 시청하는 수준이 곧 그 사람의 의식 수준과 동일하기 때문이다. 영상의 주제, 주제를 풀어가는 방식, 영상에 나오는 출연자와 그들이 나누는 말과 자막까지, 모두가 그걸 선택한 사람의 의식 수준을 선명하게 보여주는 하나의 증거라고 볼 수 있다. 그 사람이 어떤 책을 읽으며 좋아하는지 알면 그 사람에 대해서 짐작할 수 있는 것처럼, 즐겨 시청하는 영상이 무엇인지 알게 되면 그 사람의 의식 수준을 짐작할 수 있다.

이런 반론이 있을 수도 있다.

"좀 쉬고 싶어서 재미 위주로 고른 영상입니다."

"뭘 그렇게 따져요? 트렌드를 읽으려고 시청하는 거죠."

물론 맞는 말이다. 복잡한 머리를 비우기 위해 생각 없이 웃을 수 있는 영상을 시청하는 것도 필요하다. 영상을 시청하며 트렌드를 발견할 수도 있다.

하지만 역시 그것마저 그 사람을 짐작할 수 있게 해준다. 그 영상이 자신에게 웃음을 주며 재미를 느끼게 해준다는 사실을 의미하기 때문이다. 모든 사람이 같은 장면에서 재미를 느끼고 웃는 것은 아니다. 사람의 얼굴이 모두 다르듯, 재미를 느끼는 지점도 모두 다르다.

또한 영민한 사람들은 알고 있다. 영상은 트렌드를 발견하는 장소가 아닌, 트렌드를 구현하는 곳이다. 일상의 곳곳에서 트렌드를 발견한 후, 그것을 영상이라는 무대 위에서 펼치는 것이다. 순서가 바뀌면 사는 내내 삶이 혼란스럽다. 이 부분을 스스로 이해가 될 때까지 반복해서 읽기를 바란다. 몇 번을 반복해야 한다고 해도, 그럴 가치가 충분하기 때문이다.

의식 수준이 높아지면 자연스럽게 그간 당신을 괴롭힌 모든 문제가 조금씩 풀리기 시작한다. 그건 마치 봄이 오면 얼음이 녹는 것처럼 자연스럽고 당연한 과정이다. 의식 수준을 높이기 위해 일상에서 쉽게 실천할 수 있는 방법은 무엇일까? 우리가 알고 있는 자기 영역의 대가들은 모두 입을 모아 이렇게 외친다.

"최고의 예술 작품을 감상하라. 적당한 수준의 작품으로는 무엇도 느끼기 힘들다."

예술 작품은 쉽게 그리고 자주 감상하기 힘들다. 그래서 나는 일상에서 의식 수준을 높이기 위한 방법으로 예술작품처럼 근사한 음악 감상을 추천한다. 괴테는 예술작품의 품위는 음악에서 가장 고귀한 형태로 나타난다고 말했다. 이유는 간단하다.

"음악에는 버릴 것이 하나도 없다. 음악은 형식과 내용만으로 구성되어 있고, 표현하는 모든 것의 품격을 높여주기 때문이다."

그가 남긴 음악에 대한 예찬을 그저 읽고 끝내면 하나도 남지 않는다. 반드시 분석을 해야 비로소 '나의 것'이라고 부를 무언가를 남길 수 있다. 최고의 지성 괴테도 이 말을 생각하기 위해 무려 80년이라는 세월이 필요했다. 쉽게 나온 말이 아니니, 쉽게 읽고 넘어가서도 안 된다. 그가 남긴 말을 풀면 이렇다.

1 | 버릴 음악이 없다.

모든 음악이 좋다는 것이 아니라, 마음을 다해 감상할 정도의 좋은 음악을 선택하는 게 중요하다는 말이다.

2 | 음악은 형식과 내용만으로 구성되어 있다.

무언가를 강요하지 않는다는 의미다. 책이나 영화 혹은 각종 영상을 보면 창작자의 의도가 있고 어떤 교훈이나 지향점을 강요할 때가 있다. 하지만 음악에는 형식과 내용만 있을 뿐, 그것을 어떤 의미로 감상하며 반응할지는 오직 듣는 사람에게 달려 있다.

3 | 음악은 품격을 높여준다.

좋은 음악을 선택해서 자신의 의지로 무언가를 발견하는 사람은 그 자체로 높은 품격을 갖게 된다는 것을 말한다.

그럼 어떤 음악을 어떤 방식으로 감상해야 할까?

9 | 생각을 자극하는
음악과 감상법

　　좋은 음악을 감상하면 감성과 업무 효율이 높아
진다는 이야기를 여기저기에서 자주 듣는다. 그런데 문제는 그게
말로만 끝난다는 것이다. 좋다고 해서 아이에게 들려주고, 일할 때
나 듣는데, 사실 그냥 켜는 게 전부다. 우리의 귀는 그저 나오는 대
로 듣기만 한다. 독서에서 가장 중요한 것은 질문이다. 책에 질문
하지 않으면 우리는 어떤 답도 얻어낼 수 없다. 음악도 마찬가지
다. 그냥 감상하는 것만으로 우리가 확인할 수 있는 건 '내 귀가 멀
쩡하다는 것' 뿐이다.

"음악을 어떤 방법으로 감상해야 생각을 자극할 수 있는가?"

이 질문에 답할 수 있는 사람은 많지 않을 것이다. 그렇다고 음악으로 생각을 자극하는 사람이 없는 건 아니다. 그들이 제대로 답하지 못하는 이유는, 그들에겐 그것이 식사를 하기 위해 반찬을 발견하고 젓가락으로 집어 입에 넣는 것처럼 너무나 당연한 일상이기 때문이다. '평소 식사를 어떤 방법으로 하시나요?'라는 질문에 정확하게 답하기 어려운 것처럼, 이미 몸에 익숙해진 그것을 타인에게 알아듣기 쉽게 설명하는 건 매우 큰 노력을 필요로 하는 일이다.

첫 멜로디가 나오자마자 마치 멈추지 않는 불꽃처럼 수많은 생각을 분출하게 하는 음악이 있다. 여기에서 구분할 것은 좋은 음악과 생각을 자극하는 음악은 분명 다르다는 점이다. 취향의 문제가 아니라, 기능의 문제라는 사실을 인식하고 감상해야 실패하지 않는다.

나는 무조건 멜로디가 아름답다고 즐겨 듣지 않는다. 음악에 반드시 허공이 존재해야 하고, 그 공간으로 가는 출입구가 있어야 한다. 그래야 음악 속으로 파고 들어가, 그 안에서 바깥세상을 바라보며 생각을 창조할 수 있기 때문이다. 쉽게 이해하기 힘들 수도 있다.

그래서 내가 거의 매일 듣는 음악을 몇 곡 소개하며 자세하게 설명하려고 한다. 곡당 수천 번 이상은 감상했을 정도로 내가 아끼는 곡들이다. 생각을 자극하고 싶다면 시간이 날 때마다 내가 추천하는 방식으로 음악을 감상하라. 더 근사한 생각을 하는 데 도움이 될 것이다.

#1.

앙드레 가뇽은 대중적인 작품을 많이 만들어서 알려진 게 많다. 다시 강조하지만, 내가 중시하는 부분은 '생각의 자극'이다. 거기에 충실한 두 곡을 소개한다. 그의 〈Bobichon〉을 먼저 감상한 후, 〈Pour Ma Soeur En Allee〉를 다음에 감상하는 걸 추천한다.

그 이유는 두 곡을 반복해서 감상하다 보면 저절로 알게 될 것이다. 잔잔하게 흐르는 강물 위에서 나무로 만든 작은 보트 위에 누워, 깊은 눈으로 하늘을 바라보는 느낌으로 감상해보자. 참고로 그의 음악은 우리 내면에 존재하는 어떤 이미지를 현실이라는 도화지에 생생하게 그리는 데 도움을 준다.

#2.

S.E.N.S의 〈Like The Wind〉와 〈Forbidden Love〉를 추천한다. S.E.N.S라는 그룹의 음악은 이미 한국의 각종 드라마와 광고 등에서 매우 자주 사용되었기 때문에 귀에 익숙하다. 하지만 누군가의 의도로 편집한 상황에서 흐르는 음악과 아무도 없는 곳에

서 오직 나만을 위해 흐르는 음악을 감상하는 것은 완전히 다르다.

S.E.N.S의 음악은 철저하게 혼자 있을 때 감상하는 게 좋다. 밝은 대낮에 기분 좋은 바람을 맞으며 넓은 초원을 바라보는 기분으로 감상하면 생각을 자극하는 데 도움이 될 것이다. 세상에 펼쳐진 모든 공기를 흡수한다는 마음으로 감상하면 특별한 재미를 느낄 수 있다.

#3.

엔니오 모리꼬네의 〈Jill's Theme〉을 추천한다. 엔니오 모리꼬네는 정말 좋은 곡을 많이 만들었다. 그의 음악을 거의 모두 감상하지만, 특히 이 곡은 생각을 매우 강렬하게 자극하는 음악 중 하나다.

그의 음악은 대개 19세기 미국 서부 개척시대를 연상하게 한다. 역사적인 문제는 논외로 하고, 목숨이 걸린 결투를 하는 심정으로 감상하는 걸 추천한다. 그가 실제로 그런 마음으로 만든 곡이기 때문이다. 바람 부는 소리만 들리는 적막한 공간에서 주변에 존재하는 수많은 영감과 결투를 벌이는 자신을 상상해보는 것이다. 결투의 결과는 중요하지 않다. 실패하고 진 경험도 영감으로 남으니까.

#4.

영화 〈사랑을 위하여(For Love Of The Game)〉에 수록된 수많은 명곡 중 〈Love Montage〉를 추천한다. 실제 영화에서 나온 장면 인데, 절벽에서 석양을 바라보는 느낌으로 감상하는 게 좋다. 석양 에서 사랑의 뜨거움을, 절벽에서 이별의 고통을 동시에 느낄 수 있 기 때문이다. 이 곡은 특별히 영화를 떠올리며 감상하는 것도 감정 이입에 도움이 된다. 흐릿하게 서서히 다가오는 어떤 이미지와 영 감을 발견하는 데 이 음악 감상이 도움을 줄 것이다.

#5.

서재혁, 장지원의 〈Hello someday〉, 〈L'adieu〉라는 곡은 익숙하지 않을 가능성이 높다. 흔하지 않아서 내가 매우 아끼는 곡 이다. 두 곡은 연주가 시작되면 저절로 눈을 감게 된다. 음악이 시 키는 대로 눈을 감고 감상하는 게 좋다. 하늘을 날아가는 기분으 로, 때로는 추락하는 느낌으로 감상해보자. 블랙커피처럼 진한 영 감이 당신을 찾아갈 것이다. 거부하지 않는다면, 그 향기와 깊이는 당신 것이다.

#6.

클르도 를루슈 감독이 1968년에 만든 영화 〈하얀 연인들(13

Jours En France)〉의 주제곡 〈13 Jour En France〉를 추천한다. 겨울이면 여기저기에 자주 흐르는 곡인데, 1년 내내 감상하는 것도 좋다. 생각은 사실 힘든 일이다. 그래서 많은 이들이 '생각 좀 안 하고 살고 싶다'라고 외치기도 한다. 그렇게 생각하기 싫은 날, 이 곡이 효과를 발휘한다. 분노한 마음을 가라앉히고 다시 처음으로 돌아가 시작할 힘을 주는 곡이다. 그 자체로 위대한 영감이라고 할 수 있다.

#7.

유이치 와타나베의 〈Last Kiss〉는 두 가지 버전이 있는데 피아노 버전을 추천한다. 밝은 햇살과 이슬, 초록의 빛이 자연스럽게 떠오르는 곡이다. 결국 자연이다. 이 곡을 들으면 자연스럽게 자연 속으로 빠져들게 된다. 자연은 영감으로 가득한 영원히 마르지 않는 보물창고다. 반복해서 감상하면서 우리는 시간의 흐름에 구애받지 않고 영속하는 영감을 발견할 수 있다. 뒷짐을 지고 맑은 날 산책하는 기분으로 감상하면 좋다. 실제로 밖에서 산책하며 감상하기도 적당한 곡이다. 저절로 상쾌한 기분을 느끼게 될 것이다.

#8.

이사오 사사키의 〈Butterfly In The Rain〉을 들으면 자꾸 질문하고 싶어진다. 감상하다 보면 나를 아프게 하는 사람에게, 서툰 감정에, 해결하지 못한 일상의 문제에 질문을 던지는 나를 발견하게 된다.

생각을 자극하는 곡이란 증거다. 그러나 그 감정은 언제나 고요하다. 그게 이 곡의 장점이다. 분노의 늪에 빠지지 않고, 고통의 감옥에 갇히지 않고, 평온한 마음으로 질문할 수 있게 해준다. 가끔 몰입하고 싶을 때 나는 이 곡을 들으며 그때그때 생각나는 가사를 붙여서 마치 가요처럼 부르기도 한다. 한번 시도해보라. 생각을 정리하고 자극하는 데 도움이 될 것이다.

#9.

자닌토의 〈Ker Gi Rern(빛의 사랑)〉과 〈Kanak(아픈 이들을 위한 사랑)〉을 추천한다. 그의 음악을 마지막에 둔 이유는 실제로 마지막에 감상하라는 의미다. 허밍처럼 알아들을 수 없는 가사가 나오는 곡이라 음악으로 생각을 자극하는 데 익숙해진 후에 시도하는 게 좋기 때문이다. 이 곡을 제대로 감상할 수 있게 된다면, 당신이 음악을 통해 많은 것을 배우고 가져갈 수 있는 수준에 도달했다는 것을 의미한다.

내가 추천한 곡 중에 이미 알고 있는 음악도 있을 것이다. 중요한 건 '이거 아는 곡인데'라며 알고 있다는 것을 밝히는 게 아니라, "알고 있는 곡인데 그동안 스스로 생각을 자극하는 데 어떤 효과도 발견하지 못한 이유가 무엇일까?"라는 질문을 자신에게 던지는 것이다.

내가 소개한 곡을 만든 사람들의 공통점은 '스스로 생각할 줄 안다'라는 것이다. 그들은 앉아서 곡을 생각하지 않는다. 24시간 내내 일상생활을 하며 순간순간에서 얻는 모든 영감을 곡에 연결한다. 세상의 모든 창조는 의자에 앉아 어떻게든 만들어 낸 것이 아닌, 일상에서 살며 마치 우연처럼 창조된 것이다. 물론 겉에서 보기에만 우연이지, 창조하는 사람들은 24시간 그것만 생각하며 몰입한다.

꼭 기억하자. 음악도 중요하지만, 더 중요한 것은 이 음악을 창조하기 위해 그들이 보낸 시간의 결을 느끼는 것이다. 그 모든 결을 느낄 수 있을 때, 당신만의 결을 갖게 될 것이다. 그때 비로소 당신은 자신에게 이렇게 말할 수 있다.

'이제 내가 창조할 차례다.'

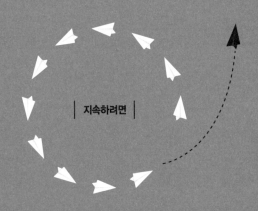

| 지속하려면 |

혼자 보내는 시간의
힘을 믿어라

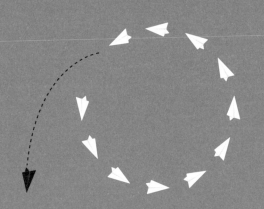

1

큰 그릇은
오래
빚어야 한다

《미스터 초밥왕》이라는 만화를 보면 주인공 쇼타는 분명 특별한 재능을 갖고 있으면서도 그 누구보다 열심히 하루를 산다. 그냥 허투루 사는 날이 없고 늘 무언가를 남기고 발견하고 어제보다 나아진 순간을 만들어낸다. 자주 나오는 장면이 하나 있는데, 그건 바로 다음 날 있을 경연에 대비해 사색과 요리를 하다가 자신도 모르게 주방에서 깜짝 잠든 후, 이른 아침 작은 햇살이 비치는 동시에 깨어나는 것이다. 그리고 늘 이런 대사가 나온다.

"아, 나도 모르게 잠들었구나. 벌써 아침이네."

요리와 사색을 동시에 반복하며 새벽 3시가 넘어 자신도 모르게 잠에 빠진 그, 그래봐야 3시간 남짓 잤을 뿐이지만 시간이 없다며 자신을 추스르고 다시 요리에 전념한다.

아마도 그가 자신도 모르게 잠든 이유는, 그렇게라도 하지 않으면 그의 열정이 잠들지 못하게 할 것 같아 걱정이 된 시간의 신이 잠시 그를 잠들게 한 것이 아닐까. 그런 쇼타의 일상을 보며 눈물을 흘리는 사람은, 그걸 그저 만화에서나 일어나는 환상이 아닌 일상에서 충분히 지금도 일어나는 일이라고 생각하기 때문이다. 지금, 자신도 그렇게 살고 있으니까. 변화를 죽도록 갈망하고 있으니까.

하루는 새벽 2시 정도에 갑자기 찾아온 영감을 언어로 변환해서 치열하게 받아 적고 있었다. 치열하게 쓰고 있었지만, 분량이 길어서 생각보다 많은 시간이 걸렸다. 30분 넘게 내가 받은 영감을 사색하고 다른 공간과 연결하며 변주를 하다가 나는 결국 쇼타가 주방에서 잠든 것처럼 내가 매일 사색하며 앉아서 글을 쓰는 의자에서 깜빡 잠들어 5시가 조금 넘어서 깨어났다. 아무리 좋은 침대가 있어도 소용이 없다. 이렇게 의자에 앉아 잠드는 일이 더 많으니까. 허리에 무척 안 좋은 일이지만, 아직까지는 자기 직전까지 쓰고야 마는 나의 정신을 잃고 싶지는 않다.

스마트폰으로 글을 쓰다가 잠이 나를 찾아올 때면 그 새벽에도 이런 걱정을 한다.

"이거 깜빡 졸다가 다른 버튼을 눌러서 다 사라지면 큰일인데."

그게 걱정이 되어 중간중간 저장하며 눈을 부릅뜨고 글을 쓰다가 결국, 쇼타가 주방에서 잠드는 것처럼 잠의 신이 보낸 명령을 받고 쓰던 그 모습 그대로 잠든다. 내가 세상을 사랑하던 그 모습 그대로.

천재가 아닌 이상 무언가를 꿈꾸고 그걸 이루기 위해서는 차근차근 하나하나 만들어가야 한다. 나는 2000년 정도부터 온라인 커뮤니티를 만들어 매일 쓴 글 중 가장 값진 글만 올리는 일상을 20년 동안 지속하고 있다. 중간중간 글을 올릴 수 없는 수많은 일이 있었지만, 그럼에도 다시 글을 써야 할 더 큰 이유를 찾아 사색하며 쓰고 올렸다. 물론 그게 쉬운 과정은 아니었다. 언제나 세상은 "이제 그 정도면 충분해" 하며 내가 멈추기를 바라니까.

누구나 살면서 한 번 정도는 잘나갈 때가 온다. 그것은 그의 재능과 운이 만날 때 나타나는 현상이다. 하지만 진짜 실력은 그렇게 나타난 현상을 일시적으로 나타나는 행운으로 끝내지 않고, 죽는 날까지 일정한 속도로 성장하게 만든다. 매일 무언가를 반복한다는 것은 스스로 자기 운을 키우는 일이다.

"나는 대체 언제까지 기다려야 하나?"

"아무리 노력해도 내게는 고통만 가득해."

이런 고민을 하고 있다면, 그 이유는 오직 하나 때문이다.

"큰 그릇은 오래 빚어야 한다. 오래 기다린 그대, 더 오래 빛날 것이다."

2

내 인생은
나만
변화시킬 수 있다

"자영업은 주변 상황이나 경제, 정치적인 이유로 쉽게 흔들릴 수 있다."

주변에서 자주 듣는 이야기다. 직장인도 그렇고 작가를 비롯한 모든 프리랜서도 사실 자영업자라고 볼 수 있다. 세상 어떤 지역에서 어떤 일을 하든 자신의 일에 대해서 스스로 책임지지 않고 사는 사람은 없다. 그러나 잘 되지 않는 이유나 시작하지 않는 이유를 외부에서만 찾는 사람은 자신의 내일을 밝게 만들기 힘들다.

거대한 변화는 언제나 먼지처럼 작고 사소한 부분에서 시작한다. 그래서 때로 상황을 대하는 태도 하나가, 그 사람 인생을 완전히 바꾸기도 한다. 나는 대학 때부터 각종 아르바이트를 하며 살았다. 최선을 다하지 않으면 스스로 견딜 수 없는 성격 때문에, "내가 일하면서 매출이 올랐다"라는 말을 듣고 싶어서 편의점이든 카페든 아니면 전단지를 배포하는 일이든 눈에 보이는 성과를 내기 위해 늘 새로운 방법을 찾아냈다.

그래서 내가 일하는 상점에서는 언제나 같은 일이 일어났다. 바로 주인이 매장에 나오는 횟수가 점점 뜸해지는 것이었다. 나를 믿고 나오지 않는 거였다. 그 사실을 주변에 알리면 친구나 지인들은 입을 모아 "와, 좋겠다. 놀면서 일하면 되겠네"라고 말하며 부러워했다. 하지만 나는 속으로 이렇게 생각했다.

'놀면서 하라고? 주인이 없다고 내가 놀아야 하나?'

그때부터 나는 이렇게 마음을 바꿔 일했다.

'주인이 없으니 내가 진짜 여기 주인인 것처럼 일해보자. 남의 돈으로 좋은 경험을 할 수 있으니, 세상에 이런 좋은 기회가 또 어디 있겠어!'

물건 발주도 내가 하기 시작했고, 각종 다양한 업무를 스스로 배우며 아주 사소한 부분까지 경험으로 파악할 수 있게 되었다. 내가 창업을 하기 위해 그렇게 나의 일인 것처럼 진심으로 일했던 걸까? 그건 전혀 아니다. 아주 사소한 일이라도 그것을 대하는 방식은 내면에 쌓여 그의 생각과 행동 그리고 언어의 질을 좌우하기 때문이다. 실제로 그 경험은 고스란히 나의 것이 되어 이제 나의 글과 생각 그리고 말이 되어 세상에 퍼지고 있다.

주인이 매장에 나가지 않는 순간부터 그 매장은 망하기 시작한다는 말이 있다. 그러나 반대로 생각하면 이런 기회를 발견할 수 있다. 주인이 없으면 제대로 일하지 않는 직원이 많다는 것, 말로만 일하지 실제로 주인의 마음으로 일하는 직원이 거의 없다는 것이 바로 내 인생을 스스로 반등시킬 기회인 셈이다. 물론 모든 이런 예상과 결과가 내 마음대로 되지 않을 수도 있다. 그러나 결과보다 중요한 것은 그 결과를 내기 위해서 분투한 마음과 과정이다. 그걸로 이미 많은 것을 깨달았기 때문이다.

살다보면 일이 잘 되지 않을 때마다 자꾸만 세상을 탓하고 싶고 변명도 하게 된다. 그 마음을 나도 충분히 이해한다. 스스로 자신을 위로하는 것도 좋지만, 때로는 삶의 태도를 바꿔서 원하는 결과를 만들기 위해 분투하는 시간도 보낼 필요가 있다. 그렇게 '가장 나답게 사는 나를 믿는다'라는 마음으로 하루를 살아보자.

세상에는 매일 불안해서 떨리는 사람과 매일 기대돼서 가슴이 떨리는 사람이 있다. 두 사람이 하루를 맞이하는 떨림은 같지만, 가슴이 추구하는 방향은 전혀 다르다. 전자의 삶은 실망과 불안 그리고 비난으로 가득하고, 후자의 삶은 희망과 기분 좋은 기다림 그리고 꿈으로 빛난다.

"너 진짜 대단하다."

"너라면 할 수 있을 거야."

이런 말을 들려주는 사람이 주변에 많은 것도 복이다. 매우 아름다운 말이기 때문이다. 하지만 매일 기대돼서 가슴이 떨리는 사람들은 그보다 더 강력하고 빛나는 말을 구사한다. 바로 자신에게 그 말을 들려주는 삶이다.

"나 진짜 대단하다. 이걸 정말 해냈네."

"다들 힘들다고 하지만, 나라면 할 수 있을 거야."

남에게 듣는 격려와 조언의 힘은 금방 사라진다. 그 사람이 사라지면, 그 사람의 말도 사라지기 때문이다. 하지만 나는 내 삶에서 영원히 사라지지 않는다. 어떤 상황에서도 끝나지 않는 로맨스는 자신과 나누는 사랑이다. 그대가 작가라면 "내 글이 최고다"라고 외치고, 그대가 마케터라면 "내가 파는 상품이 최고다"라고 외쳐라. 세상의 의견도 중요하지만, 일단 자신의 것을 먼저 강하게 믿자. 자신도 믿지 못하는 것을 어찌 세상에 내놓고, 그것을 세상이 좋아하기를 바라겠는가.

자신의 생각과 말과 행동을 믿지 못하는 사람에게는 세상의 어떤 기적도 찾아오지 않는다. 차근차근 하나하나 원하는 인생을 살

기 위한 투자를 하자. 내 인생은 오직 나로 인해서만 변할 수 있다
는 사실을 늘 기억하며.

3

철학은
어떻게 삶을
이끄는가?

50권 정도의 책을 내면서, 언제나 앞으로 내가 낼 책 기획에 대해 선명하게 공개했다. 기획의 중요성과 차별성이 더욱 중요해진 요즘, 내가 언제든 그 중요한 정보를 공개할 수 있는 이유가 뭘까?

"나만 나처럼 쓸 수 있기 때문이다."

나는 철학이 매우 중요하다고 생각한다. 그 사람의 인생을 이끄는 방향을 결정하기 때문이다. 그래서 늘 무언가를 시작할 때 내게 이런 질문을 던진다.

"이건 나만 할 수 있는 일인가?"

기획의 차별성이 요구되는 이유는 무엇 때문일까? 그 사람의 일상이 특별하지 않아 차별성이 부족하기 때문은 아닐까? 콘텐츠는 마법이나 비밀이 아니다. 그 사람의 일상이어야 한다. 그리고 그 자체로 차별성이 느껴져야 한다. 기획이 화려해지고 비밀로 가려질수록, 반대로 알맹이가 없을 가능성이 높아진다.

강연도 마찬가지다. 혁신, 자기계발, 인문학, 자녀교육, 논술, 글쓰기, 독서, 비전 교육 등 지금까지 다양한 강연을 했지만 나는 언제나 강연 자료를 공개하며 "누구든 원하면 가져가서 마음껏 쓰라"고 말한다. 사실 속으로는 이런 마음이다.

'가져가서 쓰실 수 있으면 써보시죠.'

글쓰기처럼 강연도 마찬가지다. 모든 것을 주고 누구든 가져가서 활용할 수 있게 한다. 나는 글쓰기와 사색 독서 주제 강연을 할 때, 늘 이렇게 말하며 강연을 시작한다.

"저는 강연을 준비하지 않습니다. 하루 24시간 그것을 하며 살고 있으니까요. 여기에 오기까지 반복한 것을 지금 말할 뿐입니다. 자고 있는 저를 언제 갑자기 깨워서 강연을 하라고 해도 저는 할 수 있습니다. 꿈에서도 그것을 하고 있었으니까요."

글처럼 강연처럼 24시간 살았다면 아무런 걱정을 할 필요가 없다. 떨어도 괜찮다. 그 모습이 바로 진실한 자신의 모습이라면! 그래서 나는 강연 자료를 억지로 수정하지 않는다. 인생을 보기 좋게 수정하는 것처럼 느껴져서다.

자료를 바꾸고 싶다면 인생을 먼저 그렇게 바꾸는 게 좋다. 그럼 세상에서 오직 자신만 할 수 있는 말과 글을 쓸 수 있을 테니까. '노력'이라는 단어 하나도 누가 쓰고 말하느냐에 따라 전혀 다른 무게로 느껴진다. 온갖 화려한 테크닉은 결국 힘을 잃고 스스로 사라진다. 오직 일상에서 반복해 실천한 경험만이 사라지지 않는 우리의 힘이다. 그것을 우리는 그 사람의 철학이라고 부른다.

나는 뭐든 시작하면 끝까지 오래 지속한다. 카카오채널에도 지금까지 1,400개가 넘는 글을, 인스타그램과 페이스북도 마찬가지로 비슷한 양의 글을 올렸다. 그러나 그게 쉬운 일이 아닌 이유는, 글에 트집을 잡거나 부정적인 영향을 주는 댓글을 쓰며 비난하는 사람들이 꼭 나타나기 때문이다. 이때 그들의 글을 제대로 판단하는 기준이 설정되어 있지 않으면 정성을 들여 운영하던 SNS를 그만두게 될 가능성이 높다. '내가 무슨 영광을 누리겠다고 이런 말까지 들으며 글을 써서 올려야 하나?', '기분 나빠서 글을 더 못 쓰겠네'라는 생각이 들기 쉽기 때문이다.

언제나 충고를 가장한 비난을 퍼붓는 사람의 특징은 내가 지금까지 쓴 글 중 딱 하나, 그것도 그 글의 일부 표현 하나를 들어 온갖 공격을 퍼붓는다. 내가 10년 동안 쓴 글 중 0.001%를 집요하게 쫓아다니며 비난하는 것이다. 그러나 반대로 내게 좋은 마음을 전하는 사람은 그렇게 가끔 나타나 평가를 하는 것이 아니라, 10년 내내 매일 나타나 좋은 마음을 표현한다.

내게는 이런 철학이 있다.

"내게 늘 좋은 마음을 주는 사람을 자주 생각하고 소중하게 생각하자."

생각해보라. 가끔 나타나 충고를 가장한 비난을 날리는 사람과 매일 좋은 마음을 전하는 사람, 어떤 사람이 내게 소중한 사람일까? 그 철학이 결국 악플러들에게서 나를 지켜주었고, 지금까지 글을 쓰며 살게 해주었다.

인생을 이끌 철학을 갖고 싶은 당신에게, 나는 이 한 마디를 선물처럼 전해주고 싶다.

"일상에서 반복한 것은 그 사람의 철학이 되고, 그렇게 만들어진 한 사람의 철학은 수많은 사람들로부터 자신을 구분한다."

4

경쟁이 아닌
자유에
초점을 맞춰라

중독은 우리의 내면을 망치고 극도의 외로움 속에서 방황하게 만든다. 그래서 반드시 피해야 하는 것이지만, 아무리 강한 의지를 다져도 중독에서 쉽게 벗어나지 못하는 이유는, 그것이 대개 타인과의 관계와 연결되어 있기 때문이다. 혼자의 일이라면 간단하게 정리할 수 있는데, 여러 사람과 충돌하는 문제라 자신만의 의지로 쉽게 되지 않으니 자꾸만 다수 의견에 끌려다니게 된다.

게임, 담배, 음식과 술도 마찬가지다. "다 같이 담배나 태울까?"

라는 말을 쉽게 거절하지 못하는 이유는, 담배를 태우려는 욕망이 아니라 그와의 관계를 걱정하는 마음에 있다. "다 같이 야식이나 먹으러 가자"라는 말에 다이어트를 중단해야 하며, "오늘은 회식이다"라는 말에 다시 금주를 중단해야 한다. 직장만 그런 것이 아니다. 친구나 지인 사이에서도 마찬가지다. 하기 싫고 먹기 싫지만, 관계를 위해서 다시 중독의 길에 들어서는 사례가 꽤 많다.

중독에서 벗어나 자기 인생을 살기 위해서는, 세상과 사람을 바라보는 이런 식의 관점에서 벗어나는 게 중요하다.

"나만 빠지면 다른 사람이 나를 어떻게 생각할까?"

이것들은 모두 외부에서 나를 바라보는 시선에서 나온 생각들이다. 그래서 시선의 방향을 바꾸는 것만으로도 우리는 매우 긍정적인 효과를 낼 수 있다. 모든 시선을 나를 중심에 두고 세상과 사람을 바라보자. 우리는 이미 알고 있다. 세상과의 연결보다 중요한 것은 나 자신과의 진실한 연결이다. 유명한 사람이나 강력한 힘을 가진 단체가 아닌, 나 자신과 강하게 연결된 사람이 자신의 삶을 살 수 있다. 그러니 이제는 자신을 보라. 자신을 제대로 알고, 자기 안에서 밖을 바라볼 수 있는 사람만이 중독에서 벗어난 자유로운 인생을 살 수 있다.

그렇게 자신을 중심에 두며 자유롭게 살아가는 사람의 일상과 생각은 매우 특별하다. 그 일상을 당신의 것으로 만들면 자유로운 인생을 살아가는데 필요한 큰 힘을 얻게 될 것이다.

자, 컵을 사용할 생각을 하지 못했던 시대, 누군가 지금 일반적으로 사용하는 유리컵을 가져와서 그 안에 물을 따르면 주변에서 어떤 반응을 보일까?

처음에는 "물이 사방으로 흐를 텐데 어쩌려고 그래?"라면서 말리다가, 유리컵 안에 물이 담겨 있는 모습을 보며 놀라 탄성을 지를 것이다.

"와 대단하다. 이게 뭐야?"

놀라움에서 멈춘다면 컵과 같은 새로운 것들을 떠올리거나 창조하기 힘들다. 무언가를 새롭게 창조하는 사람이 되려면 일상에서 사물을 이름으로 판단하고 바라보는 것이 아닌 '모습과 형태로 바라보려는 자세'가 필요하다. 세상이 가둔 이름이 아닌, 사물을 그대로 충실히 바라보는 것이다.

'유리컵'이라는 단어는 세상이 정의한 단어일 뿐이다. 그래서 그 용어를 모르는 시대의 사람들은 아무리 반복해서 들어도 유리컵의 형상을 상상할 수가 없다.

모두가 각자의 다른 표현을 갖고 있어야 한다. 그것은 곧 세상을 바라보는 자신의 색을 보여주는 일이기도 하다. 그래서 시인 이상은 유리컵을 보며 '홍수를 막는 백지'라고 표현했다. 유리컵이라는 말이 있는 시대에 태어나 살고 있지만 그렇게 부르지 않고 사물을 자신이 느끼는 그대로 표현한 것이다. 세상 곳곳에 자신의 색을 입힐 때 그것들은 그에게 가서 새로운 것을 창조할 영감을 준다.

그런 삶은 왜 현실에서 실현하기 어려운 걸까? 우리의 초점이 경쟁과 성장에만 맞춰져 있어서 그렇다. 누군가를 이기려는 마음으로 과거보다 더 나아지려고 선택하는 모든 것들은, 사물을 있는 그대로 바라보려는 마음과 걷는 길이 전혀 다르기 때문이다.

'경쟁이 아닌 자유', '성장이 아닌 근원'을 추구하며 살아야 보이지 않는 것을 볼 수 있다. 여기에서 중요한 것은 보통 경쟁의 반대말을 '상생'이라고 생각하기 쉬운데 경쟁의 반대말은 상생이 아닌 자유라는 사실을 자각하는 것이다. 상생은 경쟁에서 자유를 얻은 자가 선택할 수 있는 지점이지 결코 의무나 책임은 아니기 때문이다.

그럼 "성장의 반대말은 왜 근원인가요?"라고 의문을 제기하는 사람도 있을 것이다. 좋은 질문이다. 성장의 반대말이 근원인 이유는, 지금 꽃이 핀 모습이 아닌 씨앗일 때의 모습이나 지금 하늘에서 반짝이는 모습이 아닌 어두운 공간에서 웅크리며 때를 기다리는 모습을 짐작하는 일이 곧 근원을 파헤치는 것이기 때문이다.

자유와 근원을 추구하라. 그런 일상을 반복하며 당신은 자신을 중심에 놓고 생각하게 될 것이며, 외로움과 중독된 삶에서 벗어나 튼튼한 내면으로 중심이 바로 선 인생을 살게 될 것이다.

5

사색훈이
이끄는
고독한 삶으로의
전환

"저 사람은 속을 알 수 없어."

이런 이야기를 나오게 하는 사람이 가끔 있다. 하지만 그가 하는 말을 들어보면 그의 내면에 무엇이 가득한지 짐작할 수 있다. 진정으로 '무소유의 삶'을 사는 사람은 무소유를 말과 글로 언급하지 않는다. 이유는 두 가지다. 하나는 이미 그렇게 살고 있기 때문이다. 자신의 삶이 자신을 강력하게 증명하고 있다면, 말과 글은 지루한 동어 반복일 뿐이다. 그리고 또 하나, 무소유를 말하는 그자체로 이미 그는 무소유라는 단어를 소유하게 된 것이기 때문이다. 삶이 자신의 목표와 철학을 소유하고 있다면, 그저 자신만 그렇게 살면 되지 굳이 겉으로 표현할 필요가 없다.

물론 그런 삶은 매우 고독하다. 그래서 고독은 매우 고난도의 기술이다. 수천 명과 함께 지내는 100일보다 혼자 지내는 하루가 더 어렵고 힘들다. 지루하지 않게 그렇다고 너무 들떠서 흥분하지도 않으면서 자기감정을 제어할 수 있는 사람만이 보낼 수 있는 시간이기 때문이다. 그는 단순히 혼자만 있을 수 있는 사람이 아니다. 수천 명 앞에서도 자연스럽게 그리고 당당하게 자신을 보여줄 수 있는 사람이 고독한 시간과 공간도 빛나게 쓸 수 있기 때문이다. 그러므로 당신 주변에 빛나는 고독을 즐기는 사람을 두라. 그한 사람이 수천 명의 가치를 담고 있으니까.

살아 있는 자는 방황할 수밖에 없다. 흔들리는 이유는 살아 있기 때문이다. 그래서 우리에게는 사색훈이 필요하다. 그것이 돈과쾌락, 온갖 희열이 주는 유혹에서 다시 중심을 잡고 돌아올 수 있는 특권을 부여하기 때문이다. 가을이 와, 나무에서 떨어지는 잎사귀 하나에도 방황의 흔적이 있다. 그래서 사라지는 것들은 고귀하며 아름답다. 지금까지 치열하게 방황하며 자신을 지켰던 자의 뒷모습이니까.

변화를 위해 온갖 노력을 시작하며 수많은 선택과 위기를 맞이하게 될 것이다. 그때 반드시 기억해야 할 것이 있으니 우리를 가두는 작은 공간에서 벗어나 더 큰 나를 만들 공간으로 이동해야 한다는 것이다.

정답은 생명을 가진 존재를 퇴보로 이끄니, 그것이 주는 편리한 삶을 버리고 자신을 둘러싼 모든 공식을 파괴하라. 권력은 공감력을 사라지게 하니, 자리와 힘이 주는 모든 욕망을 버리고 당신의 지성을 자유롭게 하라. 먹을 음식은 적당히 탐하고 활용할 영감을 치열하게 구하라. 누군가 건설한 세계 안에서의 삶을 거부하고, 작은 공간에서라도 당신의 세계를 구축하라. 당신을 하나의 고정관념에 가두는 온갖 신호를 철저히 거절하고 모든 권위를 의심하라. 그리고 스스로 생각하라.

"하나의 세계로 태어나라."

6

욕망과
공존하는
법

　　나는 매우 무서운 말을 하나 알고 있다. 바로 '그
사람이 주변을 판단하는 인식이 곧 그가 살아가는 환경이다'라는
말인데, 환경 그 자체가 아닌 환경을 바라보는 그 사람의 인식에
따라 다른 삶을 살게 된다는 의미다.

　　나는 대형 논술학원에서 강사로 일하고, 지난 25년간 글을 쓰면
서 이런 멋진 사실을 하나 발견했다.

　　"프랜차이즈 기업들이 많아. 그래도 이 세상은 살 만하다."

　　주류 자본의 중심에 서본 적도 없던 내가 그렇게 말하는 이유가

뭘까? 게다가 소형 매장을 운영하는 사람들에게 프랜차이즈 업체는 눈엣가시 같은 존재인데 말이다. 그 마음을 이해하지만 조금 다른 이야기를 하는 이유는, 지금까지 글을 쓰며 살아온 나날도 작은 매장을 혼자 운영하는 것처럼 약하고 기댈 곳 없는 순간의 연속이었지만, 논술학원에서 일하며 매우 흥미로운 사실을 하나 깨달았기 때문이다.

'마치 대형 프랜차이즈 빵집에서 기계에 찍혀 나오는 특색 없는 빵처럼, 이 넓은 공간에서 아이들은 결국 자신의 색이 전혀 없는 글을 쓰고 있구나.'

학원에서 같은 선생에게 글쓰기 노하우를 주입받는 것이 오히려 아이들의 경쟁력을 낮춘다고 생각했다.

세상은 쉽게 바뀌지 않는다. 하지만 순식간에 바꿀 가장 좋은 방법이 하나 있으니 세상을 바라보는 나의 인식을 바꾸는 것이다. 나는 이렇게 인식을 바꾸기로 했다.

"거대 자본은 영세 업체를 괴롭히는 대상이 아니다. 거대 자본이 지배하고 있는 공간은 오히려 영세한 개인이 살기 좋은 곳이다."

그렇게 인식을 바꾼 덕분에 나는 글을 쓰며 사는 삶을 지금까지 별문제 없이 이어올 수 있었다. 유명한 작가에게 혹은 단체에서 글을 배우는 사람이 많았지만 나는 언제나 작은 반지하 셋방에서 혼자 글을 썼다. 누구에게도 배우지 않았기 때문에 누구와도 비교할 수 없는 다른 글을 쓸 수 있다고 생각했기 때문이다. 나는 오히려 같은 작가에게 혹은 단체에서 배우는 사람들 덕분에 그리 재능이 없는 내가 지금까지 글을 쓰며 살 수 있다고 생각한다. 오히려 그들이 모두 그 굴레에서 벗어나 나처럼 혼자만의 공간에서 자신의 글을 쓰게 된다면, 그게 정말 무서운 일이라고 생각한다. 내게는 그때부터 진정한 경쟁이 시작되는 거니까.

채식주의자들은 육식을 즐기는 사람을 이해하지 못하거나 비난하기도 한다. 하지만 그들이 간과하고 있는 사실이 하나 있다. 육식을 즐기는 사람이 있어 값싸게 채식을 즐길 수 있다는 것이다. 모두가 채식을 하거나 모두가 육식을 하면 시장에 혼란이 와서 가격이 오를 수밖에 없다. 이처럼 인식에 변화를 주면 세상이 바뀐다. 그 사람의 모든 선택과 결과는 생각에서 나오기 때문에 인식만 바꾸면 선택과 결과까지 모두 단숨에 바꿀 수 있기 때문이다.

덩치가 큰 업체, 그리고 시장을 지배하는 유명인들이 있어서 살기 힘들다고 불평하는 것으로 세상은 변하지 않는다. 그들은 덩치가 커서 쉽게 변화를 주도할 수 없으니, '인식만 바꾸면 바로 자유롭게 변화시킬 수 있는 나의 멋진 환경을 활용하자'는 생각으로 살면 어떤 조건에서도 근사하게 살아갈 수 있다.

그런데 그 인식을 좌우하는 것이 바로 내면에 존재하는 수많은 감정들이다. 그 감정이 모여 그 사람의 인식을 결정한다. 그래서 우리는 자주 자신의 내면을 마주하며 무엇이 자신을 지배하고 있는지 살펴야 한다.

책을 내기도 힘들었던 작가 초창기 시절에 한 유명 베스트셀러 작가와 함께 강연과 사인회를 한 적이 있다. 함께 강연을 했지만 모든 질문과 스포트라이트는 내 옆에 서 있던 유명 작가의 몫이었다.

내게 사인을 받으려는 사람은 "저 작가 줄에 사람이 없으니 네가 좀 저기에 서서 사인 좀 받아줘"라는 관계자의 요청을 받고 억지로 선 사람들이었다. 내게 사인을 받고 있었지만, 두 눈은 옆에 있던 유명 작가에게 박혀 있었다.

순간 이런 생각이 들었다.

"뭐지? 왜 저 유명 작가에게만 질문을 하는 거야?"

"왜 내게는 사인을 받지 않는 거지?"

그런 생각은 결국 이런 지점으로 나를 인도했다.

"내가 저 사람보다 부족한 게 뭔데?"

"내 글을 읽어봐, 내가 더 잘 써."

그렇게 나도 몰랐던 사실 하나를 알게 되었다.

'글을 써서 유명해지고 싶었구나?'

'사람들이 알아보길 바라고 있었구나?'

부끄러운 나의 내면과 마주하게 되었고, 나도 몰랐거나 외면하고 싶었던 진실한 욕망을 알게 되었다. 결국 그 욕망이 내가 세상을 인식하는 방식이었던 거다.

하지만 나는 그 욕망을 애써 억누르거나 버리려고 노력하지 않았다. 아무리 눌러도 다시 튀어나오고, 아무리 버려도 다시 나를 찾아올 거라는 사실을 알고 있었으니까. 대신, 그 욕망과 친구가 되어 평생 살아갈 계획을 세웠다. 욕망이 향하는 방향을 제대로 설정해 준 것이다. 그것이 바로 나의 사색훈과 일치한다.

"세상과 사람에게 도움이 되는 책을 쓰겠다. 글쓰기 재능은 세상이 내게 준 선물이니, 세상을 위해 써야 한다. 내가 스스로 사랑할 수 있는 글을 쓰자."

만약 내가 내면에 숨겨진 욕망을 발견하지 못했거나 외면하려고만 했다면, 엇나간 인식 때문에 내 일상은 뒤틀려 망가졌을 가능성이 높다. 하지만 나의 진실을 알아본 그 부끄러운 순간, 내재된 욕망을 인정하며 아름답게 공존할 방법을 계획했다.

세상에 선하게만 사는 사람은 많지 않다. 그건 매우 어려운 삶이고, 우리는 굳이 애써 어렵게 살 이유가 없다. 당신의 욕망을 정면으로 바라보라. 그리고 그것에 대해서 솔직해져라. 차마 눈을 떠 바라볼 수 없을 만큼 세속적일 수도 있다. 그러나 그 모든 것은 결국 당신에게서 나온 것이니 인정하고 받아들이자. 욕망의 방향을 가장 아름다울 수 있게 정해주고, 공존하며 함께 가라. 아름다운 가치가 이끄는 욕망을 선택하면 후회하지 않는다.

7

무엇을
반복하며
살고 있는가?

다른 사람을 보면 인생 역전이 쉽게 이루어지는 것처럼 보이는데, 그 쉬운 것이 내게는 왜 이렇게 어려운 걸까? 그러나 그 모든 고민과 갈등은 우리가 시대의 영웅이라고 부르는 이순신 장군 역시 심각하게 겪었던 일이었다.

"왜 성공은 쉬운 것이 아닌가?"

"나는 내일도 적과 싸워서 이길 수 있을까?"

심각한 고민이 일상에 침범해서 그의 삶에 혼란을 주기도 했다. 그걸 이겨내기 위해 이순신 장군이 7년간의 전쟁 동안 매일 반복한 행동이 하나 있다. 루틴이라고 불러도 될 정도로 그는 비가 오나 파도가 치거나, 사랑하는 자식이 세상을 떠난 날에도 이것을 멈추지 않았다.

바로 활쏘기 연습이다. 그는 매일 적게는 수십 발 많게는 수백 발을 쏜 후에야 하루를 마감했다. 오늘은 이겼지만 내일은 비참하게 죽을 수도 있다는 두려운 마음을, 그는 매일 활을 쏘며 하나하나 지워나갔다.

당신은 무엇을 반복하며 살고 있는가? 고민을 반복하는가, 아니면 생산적인 일을 반복하는가? 한 사람의 루틴은 그가 무엇을 하는 사람이며 무엇을 추구하는지 친절하게 알려준다. 이순신 장군은 반복해서 활을 쏘는 행위를 통해 자신의 뜻을 지킬 수 있었고, 나라를 구하는 장군의 삶을 살 수 있었다.

이처럼 자신이 무엇을 하는 사람인지 애써 말로 설명하지 않아도, 그 사람이 반복하는 루틴이 그 사람의 삶을 보여준다. 주위를 보면 대체 뭘 하는 사람인지 알 수 없는 사람이 있다. 이걸 하다가 갑자기 저걸 하고, 또 어느새 다른 일을 하며 스스로 "나는 이 분야의 전문가입니다"라고 말하고 다닌다.

당연히 반복하는 루틴도 없다. 스스로 바쁘게 산다고 느끼겠지만, 주변에서 보기에는 아무것도 하지 않는 사람일 뿐이다. 당연히 세상의 부정적인 평가를 받고, 안타깝게도 하는 일마다 실패한다.

물론 여러 개를 다 잘하면 좋다. 하지만 시작이 달라야 한다. 잘하는 하나에서 나와 사방으로 퍼진 꽃이어야 한다. 모두가 각각 다른 뿌리에서 나온 것들이라면, 그 사람 인생에 별 도움이 될 수 없다.

죽은 나무 위로 살아 있는 수백 마리 개미가 오가는 풍경을 본 적이 있는가? 땡볕에도 부지런히 같은 공간을 오가는 개미, 자연이 모든 것을 아는 이유는 간단하다. 이글거리는 땡볕에도, 폭우가 쏟아지는 악천후에도, 24시간 자리를 뜨지 않고 지켜보기 때문이다.

악천후에도 개미를 24시간 관찰하는 사람은 드물다. 그러나 세상의 모든 규칙과 질서는, 오랫동안 그것을 관찰한 자만이 발견할 수 있다. 대부분은 그 자리를 그냥 스치고, 어떤 사람은 조금 바라보다가 지나가고, 소수의 사색가는 그 풍경을 이해할 때까지 기다린다. 그래서 자리를 뜬 사색가의 이유는 언제나 같다.

"이제 그것을 알게 되었다."

24시간 내내 자리에 앉아 글을 쓰려고 했지만 한 줄도 쓰지 못한 경우가 매우 많다. 하지만 나는 쓰지 못했다고 생각하지 않는다. 24시간 쓰지 못한 것이 아니라, 24시간 쓸 수 있는 때를 기다린 것이다. 오래 기다리며 바라보면 보이는 것이 있고, 그때 알게 된 것은 자기만의 지식이 된다. 그게 바로 '세상을 바라보는 시각'이다.

하나를 잘해야 수많은 다양한 길이 열린다. 하나를 잘하기 위해서는 그 하나만 위해 사는 루틴이 필요하다. 보기만 해도 그 사람이 무엇을 추구하며 일하는 사람인지 알 수 있어야 한다. 그래야 그를 알아본 세상이 기회의 신에게 그를 추천할 수 있다. 이순신 장군은 매일 활을 쏘며 두려움을 이겨냈고, 그렇게 스스로 자신의 삶을 활짝 열었다.

그대는 지금 세상을 향해 무엇을 쏘고 있는가?
무엇을 반복하며 살아가고 있는가?
세상은 부르는 자의 몫이다.
원한다면 지독하게 반복해서 불러라.

아무리 시대가 변해도
세상은 결코, 자신을 간절히 부르는 자를
외면하지 않는다.

8

매일
성장하는
사람들의
비밀

준비는 매우 엄격한 단어다. 포장을 허락하지 않기 때문이다. 준비는 실제로 준비한 상태가 아닐 때는 쓸 수가 없다. 준비가 되지 않으면, 준비한 것처럼 보여줄 수 없다는 말이다. 이를테면 몸이 그렇다. 입기로 약속한 옷을 제대로 입기 위해 몸을 날렵하게 만들어 준비했다는 말은, 실제로 옷을 입기 전까지 치열하게 준비한 자의 입에서만 나올 수 있다.

그래서 나는 준비라는 말을 사랑한다. 준비는 매우 본질적인 표현이다. 실제로 그 말을 삶에서 실천하는 사람들은 대상을 볼 때 그 안에 든 핵심을 꿰뚫어 보는 능력을 갖고 있다. 머리 스타일과 옷, 그리고 화장에 변화를 주면 사람이 몰라보게 달라진다. 멋지게 혹은 예쁘게 보인다. 그러나 내게는 몰라보게 달라진다는 표현 자체가 없다. 이미 나의 시선에서는 그가 그런 옷을 입고 화장을 하면 그렇게 될 거라는 짐작을 마친 상태이기 때문이다. 뭔가를 포장해서 멋지거나 예쁜 것이 아니라, 본래 모습 자체에서 그럴 수밖에 없는 이유를 이미 그의 알맹이에서 확인했기 때문에 변화에 놀랄일이 없다.

우리의 시선을 유혹하며 어딘가로 유도하는 것들로부터 자유를 얻고 싶다면 '준비'를 일상에서 실천하는 삶을 살면 도움이 된다. 그럼 두꺼운 껍데기에, 각종 포장에, 온갖 술수에 속지 않을 수 있다. 언제나 알맹이를 보라. 그런 상태를 유지하기 위해 내가 늘 주의하며 일상에서 실천하는 것 중 하나가 바로 옷에서 멀어지는 것이다.

나는 고가의 명품이나 혹은 화려한 옷에 반응하지 않는다. 다만 언제든 그런 옷을 입을 수 있는 몸을 유지하려고 치열하게 노력한다. 옷이 분위기를 다르게 만들어 줄 수는 있지만, 팔뚝에 붙은 늘어지는 살과 출렁이는 뱃살을 갑자기 사라지게 해줄 수는 없기 때문이다.

내 삶과 주변을 구성하고 있는 모든 곳에서 나는 준비를 마친 상태다. 언제나 어떤 종류의 글이라도 그것을 쓸 준비를 마친 상태이고, 바로 새로운 옷을 입을 준비를 마친 상태이다. 준비가 되지 않으면 기회도 잡기 힘들다. 우리에게 부족한 것은 기회가 아니라 어쩌면 그것을 잡을 준비일 수도 있다. 기회는 언제나 우리를 떠날 준비를 하고 있는 것 같지만, 동시에 준비된 자에게 안길 준비도 마친 상태다.

사랑에 자주 실패하는 사람들의 공통점 중 하나도 마찬가지로 준비에 있다. 그들은 너무 자기감정에만 집중한다. 다음 두 줄의 글을 이해하며 실천한다면 조만간 사람과 일을 대하는 당신의 시선이 달라지는 것을 느끼게 될 것이다.

"누군가를 진심으로 사랑할 땐, 동시에 그에게 사랑받을 준비도 하라."

당신은 시작을 앞두고 있다. 나는 당신이 이 책의 마지막 장을 넘기며 다른 세상을 강렬하게 꿈꿀 수 있기를 소망한다. 이 말을 꼭 전하고 싶다.

"아름다운 변화를 꿈꾼다면, 멈추지 않고 끊임없이 양질의 콘텐츠를 생산하는 사람을 곁에 두라."

이것은 물질적 이득을 위해서가 아니라, 내면의 깊이를 더하기 위한 선택이다. 사람이 살다보면 어떤 분야든 일생에 한 번은 뛰어난 성과를 올리는 경우가 있다. 그러나 문제는 성과가 영속적이지 않고 일시적이라는 사실이다. 이유가 뭘까?

에너지와 영감을 자기 안에서만 발견하는 사람은 어떤 분야에서든 양질의 콘텐츠를 꾸준히 제공하지 못한다. 아무리 뛰어나도 한 사람에게는 한계가 정해져 있기 때문이다. 그러나 죽는 날까지 연속적으로 멋진 콘텐츠를 제공하는 사람은 다르다. 그들은 자신이 아닌 타인에게서 영감과 아이디어를 발견할 줄 안다. 그래서 끝없이 성장하며 타인이 예상할 수 없는 인생을 산다.

그래서 천재는 자기 안에서 영감과 아이디어를 꺼내는 사람이 아니라, 스치는 수많은 사람과 자연에서 그것을 발견해내는 사람이다. 그들 곁에서 그들이 사람과 자연을 어떤 방식으로 바라보며, 어떤 방식으로 그것들을 내면화하는지 관찰하라. 그들 삶을 관찰하고 연구하는 것만으로도 우리는 내면의 깊이를 더할 수 있다.

"결코 아무에게나 그대를 허락하지 마라."

에
필
로
그

삶은 언제나
뜨거운 동사다

　　하루는 영혼이 맑은 사람으로 알려져
주로 마음의 평안에 대해서 교육을 하던 한 유명인이 내게 놀라운
이야기를 털어놨다. 주변에 정말 보기 싫은 사람이 있는데, 그의
단점을 하나하나 나열하며 일종의 뒷담화를 한 것이다. 그렇게 한
참을 나도 모르는 사람에 대한 비난이 가득한 이야기를 들었고, 그
는 이런 한마디를 남기고 다음 약속 장소로 떠났다.

　"아, 그래도 작가님께 그 사람에 대한 욕을 실컷 하고 나니 좀 살
것 같네요." 내가 "우리가 그렇게 친한 사이도 아닌데, 그런 이야기

까지 하는 게 부담스럽지는 않았나요?"라고 묻자, 그는 멋쩍게 웃으며 "작가님께 이렇게라도 털어내지 않으면 답답해서 참을 수 없을 것 같아서요"라고 답했다.

그리고 또 하루는 감사하는 마음과 웃음이 만병통치약이라며 말하는 그 분야 최고 전문가가 우울한 표정으로 내게 고민을 토로하며 "살고 싶지 않다"라고 말한 적이 있다. 그는 자신의 고민은 어떤 감사하는 마음과 웃음으로도 치료할 수 없다는 듯, 힘든 일이 생길 때마다 나를 찾아와 진지한 표정으로 고민을 말하곤 했다.

굳이 찾지 않아도 이런 사례는 얼마든지 많다. 하루는 청년들의 멘토로 활동하던 사람이 내게, "청년 멘토로 살기 위해 지금까지 제가 얼마나 고생했는지 아세요?"라고 말하며, 그렇게 사는 것의 어려움에 대해서 토로한 적도 있다. 그들은 가짜 인생을 살고 있는 걸까? 결코 아니다. 중요한 것은 지금까지 언급한 사람들이 자신의 삶을 부정하거나, 그런 삶의 가치를 낮게 책정하지는 않았다는 사실이다.

그렇다. 지금 나는 이들의 이중적인 모습을 말하고자 이 글을 쓰는 것이 아니다. 보통의 생각과는 다르게 나는 오히려 이들이 멋지게 자기 삶을 사는 사람이라고 생각한다. 나 역시 마찬가지로 누군가에게는 이중적인 사람으로 보일 수 있다. 이유는 간단하다. 더 나은 모습을 향해 끊임없이 자신을 변화시키고 있기 때문이다.

영혼이 맑은 사람으로 살아가려는 목표가 있기 때문에 남을 비난하고 싶은 강렬한 욕망을 느끼면서도 끝까지 저항하는 것이고, 웃음으로 세상에 좋은 마음을 전하려는 소망이 있어서 자신의 고통을 피하지 않고 정공법을 선택해 더욱 진지하게 고민하는 것이다. 우리는 더 나은 모습을 원할 때, 그렇게 과거 또는 현재의 자신과 치열하게 다투며 조금씩 나아진다.

가끔은 그런 자신이 스스로 생각할 때 이중적이라고 여겨질 수도 있다. 그러나 그럴 때마다 이렇게 생각해야 변화를 멈추지 않고 이어나갈 수 있다.

"지금도 나는 조금씩 앞으로 나가고 있다."

나를 지탱하고
만드는 것들에 대하여

하루는 종합병원에서 작은 수술을 받

기 위해 이동 침대에 실려 수술실로 들어간 적이 있다. 전신마취를 한다는 말에 나는 속으로 '내가 조금씩 잠들어 가는 과정을 하나하나 기억해야지'라고 생각했지만, 정신을 차리고 눈을 뜨자 이미 수술이 끝난 상태였고, 만신창이로 신음하며 병실에 누워 있는 내 모습만 보일 뿐이었다.

나는 그 경험을 통해, 스스로 인식하지 못하지만 매순간 반복하는 습관에 대해서 생각하게 되었다. 우리의 현재는 결국 지금까지 반복한 습관의 결과다. 그러나 때때로 일상이라는 마취제는 마치 전신마취 후 수술을 끝낸 사람처럼 자신을 낯선 존재로 느끼게 만들 때가 있다. 그러나 단 한 명, 습관은 당신이 지금까지 살아온 모든 과정을 알고 있다. 그래서 우리는 늘 자신에게 "너는 잘하고 있어, 계속 나아질 거야"라는 말을 들려줘야 한다. 그 말이 습관에 영향을 미칠 때까지, 계속 반복해서 말이다.

1분이 쌓여 1시간이 되고, 그렇게 한 사람의 인생이 만들어진다. 그래서 우리는 언제나 일상을 대하는 자신의 태도를 바꿈으로써, 얼마든지 자기 삶을 바꿀 수 있다. 당신이 만약 그것을 힘들게 생각한다면, 그 이유는 자신을 약하게 만드는 습관을 많이 갖고 있기 때문이다. 그것은 그리 놀라운 일은 아니다. 누구나 자신에게 부정적인 영향을 미치는 습관을 갖고 있으며, 그들은 지금도 그 습관과 싸우고 있기 때문이다.

우리가 기억해야 할 것은, 작은 나쁜 습관 하나로도 일상은 크게 흔들리고, 반대로 작은 좋은 습관 하나로 중심을 잡을 수도 있다는 사실이다. 그래서 나는 나를 변화시킬 작지만 좋은 습관 몇 개를 일상에서 실천하고 있다.

- 나는 오늘도 좋은 일이 일어난다고 확신한다.
- 내가 아는 가장 귀한 언어만 내게 들려줄 것이다.
- 오늘도 내가 아끼는 소중한 사람을 만나 좋은 마음을 나누며 살아갈 것이다.

새벽에 일어날 때마다 나는 거의 반사적으로 위에 적은 세 문장을 마음으로 읽으며 하루를 시작한다. 굳이 큰 소리로 발음할 필요는 없다. 눈으로 읽거나 마음으로 읽어도 그 가치는 사라지지 않으니까. 다만 처음부터 끝까지 빠르게 가려고 하지 말자. 끝이 아닌 과정이 중요한 이유는, 변화는 끝이 있는 게 아니기 때문이다. 죽는 날까지 일정하게 자신을 조금씩 나아지게 만든다는 생각으로 시작해야 실패하지 않고 평화롭게 변화를 추구할 수 있다.

일상의 모든 시간을 일로만 채우면 시간의 틀을 효과적으로 바꾸지 못한 대가로 반복되는 일상에서 점점 벗어나기 힘들어진다. 때로는 인생이 내게 준 쉼표를 놓치지 않겠다는 생각을 가질 필요가 있다. 회사를 옮기는 중간중간에도 삶이 나에게 허락한 쉼표를 찍고 자유를 즐겨보자. 퇴직하자마자 바로 취업을 하지 말고, 당신을 위해 준비된 그 짧은 시간을 오로지 자신의 자유를 위해 모두 써보는 것이다. 자신을 위해 조용히 책을 읽고 음악을 듣거나 그림을 그리거나, 차분한 마음으로 산책을 하는 것, 사랑하는 사람들과 그냥 떠들고 맛있는 것을 먹으며 보내는 시간도 필요하다.

살아가는 환경을 바꾸거나 인생을 바꾸기 위해 가장 중요하게 실천해야 할 일은 자신을 돌아보며 멈춰야 할 때 멈춰, 인생이 그대에게 들려주는 이야기를 경청하는 것이다. 시간은 결코 지체하지 않고 마치 기계처럼 흐르지만, 우리는 자신을 위해 시간을 활용할 수 있다. 그 멋진 선물을 놓치지 마라.

나의 하루는 여전히 뜨겁고,

나의 일상은 언제나 치열하다.

나는 나를 바꿀 수 있다.

인간을 바꾸는 5가지 법칙

1판 1쇄 발행 2021년 4월 20일
1판 3쇄 발행 2021년 6월 4일

지은이 김종원
발행인 오영진 김진갑
발행처 토네이도

책임편집 박수진
기획편집 진송이 박은화
디자인팀 안윤민 김현주
마케팅 박시현 박준서 김예은
경영지원 이혜선

출판등록 2006년 1월 11일 제313-006-5호
주소 서울시 마포구 월드컵북로5가길 12 서교빌딩 2층
독자 문의 midnightbookstore@naver.com
전화 02-332-3310 **팩스** 02-332-7741
블로그 blog.naver.com/midnightbookstore
페이스북 www.facebook.com/tornadobook

ISBN 979-11-5851-211-8 (03190)